머리말

 2년전 2017년 8월 3일 연기할 때 필요한 36가지 출판을 첫시작으로 현재까지 끊임없이 퇴고 해왔다.

 스타니슬랍스키가 말했듯 연기에 하나의 시스템이란 존재할수 없다. 허나 더 좋은 시스템을 구축하기 위해 더 나아가야함은 분명하다.

오늘도 한걸음 더 나아갈 그들을 위해 내 글도 한자 한자 더 나아간다...

2019.12.24.강도용

2019 연기의 모든 것 : 연극영화과 입시 합격 & 오디션 캐스팅 노하우

발　행 | 2019년 12월 24일
저　자 | 강도용
펴낸이 | 한건희
펴낸곳 | 주식회사 부크크
출판사등록 | 2014.07.15.(제2014-16호)
주　소 | 서울특별시 금천구 가산디지털1로 119 SK트윈타워 A동 305호
전　화 | 1670-8316
이메일 | info@bookk.co.kr

ISBN | 979-11-272-9283-6

www.bookk.co.kr

1. 대본 분석하기 [해부]

Q. "역할 창조의 시작은 분석이다?"

1. 대사를 보며 떠오르는 모든 정보를 활용하라.

2. 심지어 나만의 사적인 것들, 반대의 것들까지도 그것이 악하고 음란한 것일지언정 일단 모든 걸 쏟아내어 인물의 피부 속으로 들어가라 그러기 위해 치밀하게 분석하라.

Q. "대본 분석을 효과적으로 할 방법은 없을까요?"

 아래 내용에 답할 수 있는가?

(1) 희곡의 분석

① 희곡의 주제는 무엇인가? 작가가 작품에서 주장하려는 의도는 무엇인가?

② 희곡이 지니는 독특한 스타일은 무엇인가?

③ 사건의 연속성이 명확한가?

④ 희곡이 여러 상황으로 진전되어 나가면서 등장인물들이 어떻게 반응하는가?

⑤ 독자(관객)에 의해서 묘사(상상)되는 등장인물의 유형은 어떠한 것일까?

⑥ 희곡에서 다른 등장인물과 본인이 맡은 등장인물과의 상호 관련성은 어떠한가?

(2) 등장인물의 분석

◆ 사회적 요소

① 신분 : 상·중·하

② 직업 : 무슨 직업? 그 직업에 관한 마음가짐(관심도), 수입, 근무시간.

③ 교육 : 교육 수준, 학교의 출석률(학교 수업에 대한 열심 정도), 성적, 잘하는 과목, 싫어하는 과목 등

④ 가정 : 독신, 결혼, 이혼, 고아, 가족과 함께 사는가? 혼자 사는가? 가정의 유형 등.

⑤ 종교

⑥ 인종, 국적, 민족적인 배경

⑦ 정치적 판단, 활동력, 관심 분야 등.

◆ 개인적인 요소

① 취미, 오락, 독서의 유형 등.

② 성생활, 행동 규범과 윤리관

③ 야망 (삶의 목표)

④ 생활방식 : 복종형, 고집형, 패배주의자 등

⑤ 개인 성향 : 내성적, 외향적

⑥ 의상 습관 : 니트, 캐주얼, 엉성한 스타일, 깔끔한 정장, 자유로움 (평범함을 거부) 등.

⑦ 타고난 재주와 창의성 등

(3) 신체적, 음성적으로 개성을 구축하기 위한 분석 요소

① 희곡작가의 묘사와 논평들

② 등장인물의 대사습관, 등장인물이 그 자신을 보는 관점.

③ 희곡 항의 등장인물들이 그 인물에 대하여 어떠한 말을 하는가?

④ 극작가가 그 인물을 위해서 삽입시킨 일 (STAGE BUSINESS)의 유형에서 암시된 것

⑤ 극 전반을 통해서 그 인물에 대한 관점(자세)이 독특하게 변화하는 과정

파악.

(4) 리허설(연습) 과정에서 연기자의 W 체크 리스트

① 나는 누구인가? - Who am I?

② 나는 어디에 있는가? - Where am I?

③ 나는 무엇을 원하는가? - What do I want it?

④ 내가 왜 그것을 원하는가? - Why do I want it?

⑤ 그것을 하려는데 장애가 되는 것은 무엇인가? - What is preventing me from getting it?

⑥ 내가 원하는 것을 성취하려면 무엇을 해야 하는가?

- What am I Willing to do get what I want?

⑦ 내가 원하는 것은 누구로부터(누구와의 관계에서) 이뤄져야 하는가?

- Who do I want it from?

⑧ 나는 언제 그것을 필요로 하는가? - When do I need it?

(5) 연기자의 주요 업무

- 자신과의 관계
- 환경과의 관계
- 다른 배역과의 관계
- 신체의 행위
- 음성 행위
- 발성 구축, 명확한 발성
- 리듬
- 음성 멜로디
- 극적 행동과 극 구조

– 대사분석 : 비유적인 대사, 상징적인 대사

– 극적 행동의 단계

– 행위의 과정

– 성격 행동의 발견

– 행위, 감정, 성격

– 성격화

– 변형

Q. "내 연기의 모든 문제의 근원은?"

대본 분석이 구체적으로 되지 않았기 때문이다.
작품 분석 / 역할분석이 구체적으로 되어야만 역할과 혼연일체 될 수 있다.

1. 인물의 작품 전체에서의 초목적은?

2. 인물이 초목적을 발전시키는데 기여하는 인물들의 각 장면 내 목표는? 왜
이 공간 이 시간에 이루어지는가?

3. 장면 내의 주요한 갈등은?

4. 위의 장면 내 갈등은 전체의 갈등과 어떠한 관계를 지니는가?

5. 등장인물은 갈등을 일으키는 장애물을 극복하기 위해 무엇을 하는가?

6. 각 등장인물의 내적 갈등은 어떻게 발생, 전개, 해결되는가?

7. 인물들 간의 관계는?

8. 이 장면은 몇 개의 맥락들로 나눌 수 있는가?

9. 각 맥락별로 행해진 각 인물의 주요 행동들은? 장면 내 각 인물이 목표를 이루기 위해 하는 행동은?

10. 장면 내 공간 시간을 알 수 있는 외적 반응들은?

11. 이 장면 직전에 이루어졌던 행동들은?

12. 장면 내의 유머는, 왜 대사를 하는지, 행간 사이의 의미들은? 대사에 反하는 행동은?

1) 대본을 살펴보자.

a) 처음에 읽을 때 어떤 대사나 행동들이 인물의 성격과 일치하지 않거나, 이상하거나, 눈에 띄거나, 주목되는 것으로 다가오는가?

b) 나는 나 자신에 대하여 무어라 말하는가?
나는 다른 사람들에 대해 무어라 말하는가?
다른 사람들은 나에 관하여 무어라고 말하는가?
나는 무엇을 하는가? (나의 액션/ 하는 일들은 무엇인가?)
다른 사람들은 무엇을 하고 나는 어떻게 반응하는가?

c) 어떤 상황인가? 나라면 이런 상황에서 어떻게 할 것 같은가? 실생활에서 관찰한 것들로 상황을 구체화해보자.

2) 지배적인 동기 / 욕구 / 극복의 대상

1. 내가 진정으로 원하는 것은 무엇인가?

2. 그것을 얻기 위해서 나는 어떤 일들을 기꺼이 할 것인가?

3. 내 안의 어떤 요소들이 그것을 얻는 데 도움이 되는가?

4. 내 안의 어떤 요소들이 그것을 얻는 것을 방해할 것인가?

5. 나의 꿈들은/ 소망들은/ 희망들은/ 환상들은 무엇인가?

3) 배경 / 역사

- 가족과 나의 개인적인 역사를 포함하여 극이 시작되기 이전의 삶을 조사하라.

- 환경(나는 어떤 세계에서 살고 있는가?)
- 사회적
- 경제적
- 정치적
- 종교적
- 가족

- 기후
- 지형적
- 날씨
- 시간
- 장소

<신체적인 특징들>

- 인종
- 국적
- 타입 (큰가 / 말랐는가 / 작은가 / 뚱뚱한가)
- 나이
- 힘
- 건강
- 몸가짐과 움직임
- 언어 (어떻게 말하는가?)
- 의상
- 성질
- 인물을 묘사하기 위하여 생각해낼 수 있는 모든 형용사를 열거하라.

<정신적 특성들>

- 타고난 지능
- 생각하는 습관
- 교육
- 창의성
- 주변의 것들에 대한 경제상태

- 깨어있는 정도

<감성적인 특성들>

- 기본적인 태도들: 삶에서 그리고 다른 사람들에 대해서 좋아하는 것, 싫어하는 것
- 주변 환경의 위기, 갈등, 변화에 대처하는 방식
- 다른 사람에 대한 민감도와 반응 정도
- 깊은 감정들을 느끼는 능력
- 안정성
- 자기 통제력
- 기질 / 온화한가, 군림하려 하는가, 등등

<사회적인 특성들>

- 사회적 계층
- 경제적 위치
- 종교
- 사회적인 서열상의 위치
- 받아들여지는 행동 양식들
- 직업, 매일의 일상, 작업 공간 실내, 실외

4) 인물 창조에 도움이 되는 것들

a) 실재의 인물에 관찰 (혹은 몇몇 사람들의 복합)

- 걷는 방식

- 신체적인 태도들

- 제스처

- 얼굴의 표정들

- 목소리 톤 (전반적인 목소리의 패턴, 억양, 리듬, 느낌)

- 특징과 특이한 점들 (말이나 복장이나 행동에 있어서)

- 행동의 패턴

b) 인간적인 특성들을 제시하는 상징을 사용하라.

- 동물

- 기계

- 식물

- 사물

c) 개인적인 경험들을 이용하라.

- 보고, 듣고, 맛보고, 만지고 냄새 맡아라.

- 창의적으로 되어라.

- 상상이나 기억을 사용하라.

- 발견하고 골라내라.

- 내가 이 상황에 부닥쳤다면 어떻게 할 것인가?

- 내가 이 상황에 부닥친 인물이라면 어떻게 할 것인가?

1. 극본의 연구

(1) 작가에 대하여 : 시대 / 출신 / 사상, 성격, 특징 / 대표 작품

(2) 작가와 채택한 극본과의 관계 : 극본의 창작 동기 / 창작 시기의 시대적 사정 / 다른 작품과의 비교 / 현재의 안목으로 본 작품의 문제성

(3) 극본에 대하여 : 작자의 의도 / 주제 / 사건의 흐름 / 복선과 본선과의 관계 / 사건을 진행시키는 모든 성격 / 부차적인 여러 가지 재료 / 작품의 스타일

(4) 극본의 비판 : 내용과 형식의 예술성 / 강조할 면과 부정할 면 / 상연의 의의

2. 역의 연구

(1) 연출의 의도, 방침, 스타일 이해

(2) 역의 인물의 핵심 파악 : 극본 전체에서의 위치 / 장면에서의 위치 / 다른 역과의 관련성

(3) 역의 인물의 환경 파악 : 시대 / 장소 / 풍속 / 계절, 시각

(4) 역의 인물이 이루어진 까닭 : 인물의 사회적 생활과 개인적 생활 / 사상 / 선천적, 후천적 성격 / 심리적, 생리적 특징 / 몸 / 연령 / 인물의 과거, 미래 추측

(5) 역의 인물과 자기 자신과의 예술적 형상화 : 자기와의 유사성, 상이성 발견 / 상이성 극복

(6) 연출자와 다른 협동자와의 토의

Q. "작가가 써놓은 글을 말로 바꾸는 능력이 배우의 능력?"

1. 작가가 써놓은 대사를 자신의 말(음성)로 만들 때 어휘력은 절대적으로 필요하다. 어휘력은? 배우가 얼마큼 대사를 이루는 단어들의 의미를 잘 알고 있느냐와 연관되어 있다.

2. 실제로 배우들은 자신이 모르는 단어를 조사하는 데에 많은 시간을 쏟는다. 당연하게 알고 있다고 생각하는 단어와 모르는 단어의 사전적 의미만 다시 검색해도 온몸으로 그 단어를 습득하게 된다. 단어들의 진정한 의미를 자신의 감각으로 비로소 이해하고 느낄 때 자유롭게 말하기가 가능해진다.

3. 단어는 찰나의 순간에 감정과 화술 그리고 대사를 외울 때에도 엄청난 영향을 미친다.

Q. "단어의 의미에 집착해라?"

1. 단언컨대 배우가 대사를 받으면 가장 먼저 해야 할 일은? '단어의 의미'에 집착하는 것이다. 인간이 말 한마디를 내뱉을 때 뇌의 영향을 받고 많은 감각 기관들이 동시적으로 활동을 하여 말과 행동으로 연속적으로 전달하게 된다.

2. 지금 당장 욕을 뱉으면 기분이 나빠지는것처럼 우린 어떤 말 즉 어떤 단어를 어떻게 생각하고 어떻게 느끼며 어떻게 뱉느냐에 따라 우리의 정신과 육체는 반응한다.

Q. "단어의 의미를 이해하면?"

1. 이미지가 떠오르게 되고 이미지는 살아 움직이고 그 이미지는 마음으로 다

시 느껴지며 상대에게 표현하고 싶어 질 것이다.

2. 남들은 잘모르는 자신의 이름 석 자의 뜻이 자신에게 중요하듯 단어의 의미는 중요하다.

예) THANKS 가 어떤 의미인지 아는가?

3. 그렇다. THANKS를 어떤 표정으로 어떻게 행동하며 말해야 하는지 아는 것처럼 우리는 대사분석이라는 과정을 통해 온전히 내것으로 만든 다음에야 비로소 흰 종이에 쓰여있는 대사들을 나의 말과 행동으로 자유롭게 연기하게 된다.

Q. "냉철하게 분석한 다음 열렬히 움직여라?"

1. 경찰은 사건 사고 현장에서 증거, 단서만을 가지고 추론과 상상을 통하여 사건이 이루어진 과정을 퍼즐 맞추듯이 조합해서 범인을 찾는다. 경찰처럼 우리 또한 대사가 나온 과정을 역으로 추적해볼 수 있는 능력을 가져야 한다.

Q. "대사 분석 능력이 연기력의 절반이다?"

1. 대사 분석 능력은 인테리어 디자인 능력과 같다.

2. 인간은 순간적으로 사고 – 판단 – 선택 – 행동한다.

3. 연기는 순간의 자극에 반응해야 한다. 상대의 말과 행동에 연속적으로 자극 받기 때문이다. 변화를 주거니 받거니 수반해야 한다.

Q. "연기할 때 무엇을 생각할지 모르는 당신!"

1: 가슴 뜨거운 신내림을 받지 않으면 자의식 드는 당신! "당신은 선생님의 꼭두각시 일 뿐이다!" 당신이 꼭두각시일 수밖에 없는 이유 결론적으로 당신은 대사분석능력이 없는 사람이다!

2. 연기를 배우려는 사람들에게 말한다. 배우에게 대사 분석 능력은 곧 대사 속 상황을 연출하는 연출가(감독)의 능력과 같다. 연기를 했던 사람이나 처음 하는 사람이나 연습을 하지 않고서는 별반 다를 게 없다는 말이 여기서 알 수 있다.

3. 당신도 대사 분석할 수 있는 방법만 안다면 충분히 분석할 수 있고 어떻게 말해야 하는지 어떻게 움직여야 하는지 정도는 이미지가 떠오를 것이다. 그다음 연습이다. 매번 연기를 발표할 때 자신감이 없는가? 그럼 자신에게 물어보아라. 대사분석을 구체적으로 했는지 단어 하나하나가 뭘 의미하며 그 인물이 왜 그 단어로 말을 하는지 당신은 아는가?

분석 [명사] 1. 얽혀 있거나 복잡한 것을 풀어서 개별적인 요소나 성질로 나눔. 국어사전

Q. "작품 속 "관계는 갈등으로 얽혀있다."

1. 그것은 당신의 대사가 말해준다. 복잡하게 얽혀있는 것을 풀어라.(분석)" 분석하는 방법을 전혀 모르는 학생들이 많다. 대사를 보면 어떤 순서와 어떤 과정들로 분석에 임하는지 그들에게 물어보고 싶다.

2. 분석만 하고 연기에 실제 적용시킬 줄 모르는 학생들이 많다. 분석은 연기하기 전 나의 모든 행동을 만드는 계획이다. 분석은 반드시 실제로 연기를 할 때 어떻게 행동할 것인지를 상황에 몰입하여 시뮬레이션하며 분석해라.

3. 명심해라. **연기로 실천할 수 없는 계획은 필요 없는 계획이다.**

Q. "조급해하지 마라. 대사를 <u>해부</u>하라?"

1. 대사 한줄 한줄을 각각의 상황들로 나누고 차례로 상황을 온몸(오감)으로 경험해봐라.

2. 극 중 인물의 단어, 대사는 내가 평소에 쓰는 말이 아니라 극 중 인물이 사용하는 말임을 생각해라. 그렇기 때문에 구체적인 대사 이해와 몸으로의 경험이 필요하다.

3. 분석을 하는 과정이야말로 역할의 상황을 가장 먼저 경험해 볼 수 있는 과정, 내가 연기할 상황들을 미리 시뮬레이션해볼 수 있는 시간들이다.

4. 모든 문제의 해결방법은? '해부[분석]하여 과정을 파악하고 이해되지 않는 부분이 확신에 찰때까지 통찰하며 연기해보는 것이다.

5. '물건이 어디에 쓰이는지 알아야 물건을 사용하듯' 대사(단어)가 어떤 의미(의도, 이유, 목적)를 갖고 있는지 정확히 알아야 비로소 '말'이라는 것을 할 수 있는 것이다.

6. **생각은 질문의 시작이다.** 대사를 분석하기 위해선 생각을 해야 하는데 대사에서 궁금한 모든 것들을 자신에게 질문하고 자신이 구체적으로 확신을 갖고 답할수 있어야한다.

Q. "대사 한 줄에 6하 원칙을 순식간에 질문 형식으로 던지고 답해봐라?"

1. 6하 원칙이 아니더라도 쓸데없다고 느낄 정도의 질문들을 최대한 많이 본능적, 충동적으로 질문을 마구 던져라. 그러기 위해선 더 구체적이고 사소한 것에 집중해라.

2. 모든 것은 일맥상통하게 되어있다. 그래서 퍼즐은 맞춰지게 되어있다. 분석한 내용은 반드시 행동으로 이끌어 낼 수 있어야 한다.

3. 작가가 써놓은 인물이 말하는 대사 단어들의 의미를 알고 의도, 목표부여 상대에 대한 자극에 대한 반응으로 신체 반응과 말하기를 연습하라.

Q. "작가가 대본에 써놓지 않은 것들을 끊임없이 발견해내라?"

1. 학생들은 대사를 받으면 자신의 직관력을 믿고 자신에게 너무 익숙한 말들은 그냥 지나치는 습관이 있다. 이렇게 그냥 무심결에 지나치게 되는 대사의 부분들은 그 의도와 생동감을 잃는다.

2. 또한 같은 말이어도 다른 의도로 말할 수 있다는 것을 명심하라. 글에는 그 의도를 작가는 적어 놓지 않았다. 당연하다고 생각하는 대사들도 다시 꼼꼼하게 분석하고 새로움을 찾고 새롭게 자극받고 새롭게 반응하고 변화하라.

Q. "대본 분석은 대사 한 줄 한 줄 시작해라?"

1. 대사 한 줄 한 줄은 사실(사건, 상황, 순간)의 나열임을 잊지 마라. 대사 한 줄 한 줄 분석을 하여 대본 분석을 마쳤다고 말한다. 1년 동안 한 게 뭐냐 한 달 동안 한 게 뭐냐 일주일에 한 게 뭐냐 오늘 한 게 뭐냐 한 시간 동안 한 게 뭐냐

- 작가 분석
- 작품 분석
- 장면 분석
- 대사(한 줄 한 줄) 분석
- 대사 속 단어 분석

2. 단어들은 문장을 만들고 문장은 문단을 만들고 문단은 장면을 만들고 장면은 작품을 만들고 작품은 작가가 만들었기 때문이다.

3. 대사를 분석하면 왜? 그렇게 말하고 왜? 그렇게 선택하여 행동하는지 알수 있다. 더 작게 더 세밀하게 더 구체적으로 분석하라.

4. 당신이 연기해야 하는 짧은 대사가 있다. 짧은 대사 분석을 잘하기 위해 인물 분석을 하는 것이고 짧은 대사 분석을 잘하기 위해 장면 분석을 하는 것이고 짧은 대사 분석을 잘하기 위해 작품 분석을 하는 것이고 짧은 대사 분석을 잘하기 위해 작가 분석을 하는 것이다.

5. 말하는 방식, 말하는 의도, 단어 선택, 단어의 의미 등 배우는 분석하며 끊임없이 연관 짓고, 추론(평가, 판단)하고, 추상(상상, 연상)한다. 배우는 오직 끊임없이 고민하고 끊임없이 실천하는 것이다. 그것이 우리의 인생이다.

Q. "대사의 선입견에 빠지지 마라?"

1. 대사를 보고 있는 당신에게 역할이 말한다. "내가 누군지도 모르면서 너의 눈으로 본 나의 겉모습, 너에게는 인상 깊은, 특정한 한 부분(특징)만 보고 날 판단하지 마!"

2. 대사를 보자마자 자신에게 축적된 정보, 자극, 경험들이 순간적으로 펼쳐져 순간적인 직관 능력으로 대사를 쉽게 판단해버리는데 필자는 이것을 '대사의 선입견'이라 부른다.

3. 인간은 누구나 쉽게 선입견에 빠진다. 내가 어떤 사람인지 알지도 못하면서 몇 번 본 적도 없는데 날 쉽게 판단하고 평가한다면 기분이 나쁘다. 그러니 더 깊숙이 그리고 반대로 생각해봐라.

4. 선입견은 대사를 처음 보자마자 생기게 된다. 배우는 당장 눈앞에 보이는 대사의 선입견에 빠져 역할의 모든 걸 한정 짓고 제한하여 연기한다. 눈에 보

이는 것들이 전부가 아니라고 항상 생각하고 앞뒤 양옆 위아래 대사들과 연상되는 이미지 단어들의 의미 느낌 상황 관계 대사의 나와있는 모든 것들을 분석하여 역할을 창조해내야 한다.

5. 선입견은 배우에게 적이다. 자신의 역할을 쉽게 평가하지 마라. 분석해보지도 않고 대사를 쉽게 내뱉는가? 분석을 대충하고 대사를 1차적으로 느낀 대로만 연기하게 될 시 몸이 반응하지 않고 자신의 귀에 들리는 소리만 내뱉게 된다. 나는 이 소리를 악마의 소리라고 말한다. 더 신중히 고려하지 않고 그냥 자신의 직감만을 믿고 단순하게 연기하는 형태를 말한다.

6. 같은 말이라도 어떻게 말하느냐에 따라 다양한 의도로 전달될 수 있다는 점을 명심해라.

7. 더 구체적으로 분석해보지 않고 대사를 보자마자 들리는 대로 느껴지는 대로 연기하기에 급급해하지 마라.

8. 연기를 잘 못하는 친구들 대부분은 대사분석 능력이 떨어진다. 대사분석 능력이 떨어진다는 것은 다시 대사의 선입견에 잘 빠지는 현상과 같다. 대사를 표면 그대로 받아들이고 연기하면 누구나 처음에 쉽게 생각할 수 있는 상투적인 표현이 나올 수밖에 없다.

9. "대사가 포장지라면 서브텍스트(대사 안에 담긴 또 다른 의미)는 내용물이다. " 대사대로 말하고 있지만 역할의 대사 안에는 진실과 거짓이 숨겨져 있다. 대사를 치밀하게 철저하게 분석해야 한다. 그날의 상황, 그 사람의 상황, 나의 상황 등 6하 원칙에 의거한 상황과 상대에 따라 연기는 달라진다.

Q. "대사의 첫마디부터 소중하다?"

1. 학생들은 첫 줄의 대사부터 순서대로 분석하지 않고 순서대로 연습하지 않는 것이 특징이다. 내가 연기하는 "역할도 그런 말들을(대사) 하게 될지는 꿈

에도 몰랐을 것이다." 미리 준비했다는 듯 다 알고 외운 듯 기계처럼 대사를 말하지 마라.

2. 보통 학생들이 대사를 받으면 대사를 이해하지 않고 자기가 끌리는 부분(처음 읽었는데 무언가 잘 알 것만 같은 , 무언가 잘 와 닿는)만을 연습하고 그 부분을 잘 보여주기 위해 연기한다. 앞서 말했듯 그 인물은 그 첫마디 말(첫 대사)을 말하게 될 거라고 생각하지 못했을 것이다.

3. 첫 대사부터 차근차근 흐름을 반드시 이해하고 넘어가라.

4. 반드시 대사를 이해하고 인물의 상황을 경험하라. 그렇게 했다면 당신은 인물(역할)을 존중한 것이다.

5. 아무리 긴 대사라도 한 줄씩 분석해라. "그럼 분석은 어떻게 할까?" 일단 대사 한 줄씩 분석하는 것이 가장 중요하다.

Q. "대사 분석방법"

1. 대사 한 줄만 우선 본다. 대사는 마침표로 끝나거나...으로 문단이 바뀌거나 느낌표 물음표로 끝나는 곳까지를 대사 한 줄이라고 정하겠다.

2. 대사 한 줄을 가장 쉽게 분석하는 방법은 6하 원칙이다. 대사 한 줄을 누가 언제 어디서 무엇을 어떻게 왜 했을까?로 분석한다. 한 줄에 쓰여있는 사실들로만 분석을 한다. 단어들을 갖고 상황으로 연관성을 떠올리면 분석이 쉬워진다.

ex) 칼을 보시오.   1번의 상황

아직 손의 온도는 식지 않았어... 2번의 상황

3. 그다음 풀리지 않는 부분은 그다음 줄과 앞뒤 번갈아 생각하고 연관을 지으며 추론한다. 그래도 풀리지 않는 부분은 그다음 줄과 그전 두 줄과 번갈아 생각하고 연관을 지으며 추론한다.

4. 다섯 줄의 대사를 분석한다고 가정해보자. 첫 번째 줄을 1번, 두 번째 줄을 2번, 세 번째 줄을 3번이라고 칭하겠다.

5. 1번 대사는 2번과 연관이 있고 3번과 연관이 있다. 이 이유는 인간은 순간, 자극받은 것을 자신이 원하는 '목표'를 이루기 위해 행동하려고 하는데 이 때 연관 있는 말들을 순차적으로 뱉게 되어 있기 때문이다.

6. 그 '목표'는 1번 대사를 말하며 목표를 이룰 수도 있으며 이루어지지 않을 경우 2번으로 3번으로 연속적으로 이루기 위해 대사를 말하게 된다.

7. 목표가 1번에서 끝났을 경우 다음 자극을 받고 2번 목표를 이루기 위해 2번 대사를 말할 수도 있다. 3번 4번 5번 연속적으로 마찬가지다.

8. 이리하여 각 대사 (문장)들의 목표가 생기며 목표를 이루기 위한 행동으로 이끌어 내며, 이것은 추후 1번 대사의 연기, 2번 대사의 연기, 3번 대사의 연기, 4번 대사의 연기, 5번 대사의 연기가 된다.

9. 1,2,3,4,5 대사가 전체적으로 분석되면 서로를 끈끈하게 연결하는 대사 전체의 하나의 목표가 생긴다.

10. 이것이 대사의 초목표(중심 목표)가 된다. "초목표는 1,2,3,4,5를 어쩔 수 없이 말하게 만들고 어쩔 수 없이 행동하게 만드는 목표 (뿌리와 같은)가 된다. "

11. 다시 돌아가 그렇기 때문에 우선 크게 6하 원칙이라는 기준으로 한 줄

한 줄 분석을 해나가며 인물이 그 한 줄을 말할 때 목표들을 파악해내는 것이 가장 중요하다.

12. 1번부터 5번까지 각 줄의 분석을 통해 총 5줄의 6하 원칙이 완성되며 바로 "~ 하는 상황"이 만들어진다. 이것이 장면의 탄생이다. 그다음 상황을 세부적으로 분석한다.

Q. "9하 원칙 분석?"

기본적인 6하 원칙 + 했는가? + 어디서 왔는가? (전 상황/과거) +어디로 가는가? (목표,미래)

1. 누가(who) : 인물

성별, 이름, 나이, 학력, 생김새, 성격 등 / 상대 인물과의 관계 / 구체적으로 어떤 사이인가?

2. 언제(when) : 시간

시대, 년, 월, 일, 시간 등

3. 어디서(where) : 장소

사무실, 공공장소, 아파트, 한옥, 다방 등

4. 무엇을(what) : 사건

전쟁, 결혼, 죽음, 이사, 모임, 파티 등

5. 어떻게(how) : 행위

대화, 싸움, 호소, 절규, 회상 등

6. 왜(why) : 원인

사랑, 우정, 갈등, 미움, 환희, 슬픔 등

누가, 언제, 어디서, 무엇을, 왜, 어떻게

+

7. **했는가** / 하고 있는가? / 할 것인가? / 안 했는가? (행위의 과정 또는 행위의 결론)

+

8. 어디서 왔는가

+

9. 어디로 가는가 (과거와 미래,전 상황과 후 상황)

Q. "9하 원칙을 적용시킬 줄 아는가?"

1. 모든 것들은 끝없는 질문과 고민을 통해 만들어진다. 우리의 삶. 모든 순간은 9하 원칙으로 이루어져 있고 모든 대화는 9하 원칙에 의거하여 말할 수 있고 행동할 수 있으며 모든 문제는 9하 원칙에 의거에 해결할 수 있고 발전시켜나갈 수 있다.

2. 9하 원칙을 세밀하게 따지고 설정하고 연기에 적용시키는 무의식적인 본능적인 자동적인 습관을 길러야 한다.

1. 나는 [누구]인가?

Q. "사람(상대)과 사물(대상) 설정"

"나는 누구인가?"

"너는 누구인가?"

"우리는 누구인가?"

"연기할 때 상대가 누군지 구체적으로 설정해라!"

"연기할 때 상대가 구체적으로 어떻게 해주길 원하는가?"

1. 사람 / 나 와 너 그리고 우리(들)의 관계.

2. [나] 내 앞에 너는 [상대] 그밖에 [사람들] 그리고 우리의 [관계]

3. "누가를 구체적으로 알면 상황 속 사건(갈등) 유발의 원인을 알 수 있다. "

4. 9하 원칙의 누가? 는 나 (인물, 배역)

5. 나와 누구랑 있는가? 곧 상대(너)

6. 나와 너 말고도 함께 있는 사람

7. 여러 명일 경우 사람들

8. 1.나 2.너 3.우리 (사람들) -> 1,2,3이 누군지를 구체적으로 파악한다.

9. 구체적으로 파악하기 위해서는 1,2,3의 관계를 알아야 한다.

10. 관계가 얽혀있어서 관계 회복을 위해 노력한다.

11. 일단 관계를 만들어 내면 독백은 당신에게 진짜처럼 다가올 것이다.

12. 배우가 준비 과정에서 흔히 빼먹는 것이 바로 실제 삶 속에서 맺는 사람들과의 관계이다.

13. 관계는 내가 '~ 하는 누구입니다.'로 말할 수 있을 정도로 구체적이어야 한다. 관계는 구체적일수록 연기에 직접적인 영향을 줄 수 있다.

14. 상대(들)가 어떤 사람이냐? 에 따라 욕구(감정)가 다양하게 유발된다.

15. 우리의 삶과 마찬가지로 극 중 인물들은 돈, 사랑, 명예, 죽음, 폭력, 아픔, 배신과 관련된 관계가 대부분이다.

Q. "인물 (자신과 상대) 분석"

1. 이름

2. 성별

3. 나이

4. 생김새

5. 직업

6. 지위관계 (위협적 구분 누가 지배적인지, 누가 복종적인지)

7. 존칭을 쓰는가? 반말을 하는가? 반말을 하다가 갑자기 존칭을 하는가?

8. 서로 사랑하는 정도 (이성적, 특별한 사람, 가족, 내게 평범한 사람, 친구

등)

9. 상호 어떤 목적을 원하는가?

10. 상대, 물체의 위치?

Q. "사물 (대상) 분석"

1. 구체적으로 정하면 연기에 집중력과 발성과 행동, 행위에 많은 영향을 준다. 상대, 물체(대상) 또한 구체적으로 사연, 추억, 가치성, 대체를 포함시킨다.

2. 예) 지갑 - 처음으로 사귄 여자 친구가 힘들게 아르바이트하여 사준 지갑으로 대체한다.

3. 사람과 물체와의 거리는?

4. 자세는 (관계를 자세로 표현, 상황에 처해있는 상태를 자세로 표현)?

Q. "몇 명인가?"

1. 상대가 1명일 경우 : 집중력 있게 한 점을 응시, 발성과 행동이 일관될 수 있지만 단조로울 수 있다.

2. 상대가 다수일 경우 : 자극을 많이 받고 다수를 의식해 발성이 커지고 연기가 활동적이게 만들어진다.

2. [언제] 이 사건이 벌어지는가?

- 시간, ~할 때, ~하는 동안 / 시대, 세기, 년, 월, 일, 시간 등

예) 조선시대와 지금이 같은가?

예) 밤과 아침이 같은가?

예) 그는 5분 뒤에 떠나야만 한다. 붙잡아라!

예) "시간이 없다! '언제까지' 해결(목표) 해야 하는가?"

1. 9하 원칙의 언제는 상황(사건)이 얼마나 지속되어 왔는지의 결정적 요소이며, 왜 상황(사건)이 유발되었는지 또한 추론할 수 있는 근거가 된다.

2. 과거, 현재, 미래 시간, 때를 오감으로 느끼고 몰입하여 사실적 연기를 만든다.

3. [어디에] 있는가? 어디서? (장소, 공간)

장소 예) 지하실, 감방

1. 9하 원칙의 어디서는 내가 있는 곳 즉 장소, 공간이다. 지금 이 글을 읽고 있는 당신의 공간의 주위를 살펴보아라.

2. 자신의 주변 주위를 살펴보는 자신의 호흡, 자세, 신체의 피곤 한정도, 당장 생각나는 말들, 어울리는 음악, 어울리는 대사가 있다면?

3. 이 과정을 해보고 있다면 당신은 지금 공간을 인식하고 몰입되고 있는 것이다. 그 공간이 편하지 않다면 당신은 몰입할 수 없을 것이다.

공간 : 장소

Q. "지금 여기 : 주변 환경을 경험하고 표현해라."

1. 공간 또는 장소를 연기에 활용하라 라는 말을 많이 들었을 것이다. 우리는 살면서 공간(장소)에 대한 영향을 많이 받는다.

2. 내가 가고 싶은 공간이 인테리어 또는 가구가 예쁜 곳일 경우 기분이 좋아질 수도 있고 어두침침한 지하실일 경우 무서운 생각이 들 수도 있다.

3. 공간(장소)은 연기할 때 나에게 연기적으로 표현할 수 있는 다양한 표현(반응)들을 만들어준다. 공간 역시 나의 오감을 자극시킨다.

4. 날씨는 어떤가?

5. 벽면의 색상은?

6. 가구들은 어떻게 배치되어있는가?

7. 시끄러운가? 한적한가?

8. 좋은 냄새가 나는가?

9. 당신은 지금 당장 자신이 있는 공간의 느낌을 표정으로 표현해보라.

10. 당신이 연기할 대사의 상황 속 공간은 어떤 곳인가?

11. 연기에 어떻게 표현(반응)으로 적용시킬 것인가?

12. 보이지 않거나 대사에 나와있지 않다면 대사에 나와있는 근거들을 추론하여 상상하여 설정해야 한다.

13. 장소, 공간 속 이미지를 그려보며 대사에 쓰여있는 장소에 대한 정보 외에도 있을법한 사물들을 추론하고 상상해본다.

14. 장소, 공간과 나와 사람들은 어떤 연관이 있는가?
15. 나와 사람들의 과거의 추억, 현재, 미래의 영향을 끼치는가?)

16. 장소, 공간은 나와 사람들에게 어떤 방해(장애물)를 주는가?

17. 사람들은 각각 장소, 공간 속 어디에 위치해 있는가?

18. 나와의 거리는?

ex) 감옥

Q. "어디서? 장소, 공간은?"

1. '내가 이곳에 왜 있는지'가 나머지 누가 언제 무엇을 왜 어떻게 했는가를 파악하는데 도움을 준다.

2. 내가 이곳에 온 이유, 내가 이곳에 있는 이유 즉 목표를 만들어주어 마찬가지로 연기에 직접적인 영향을 준다.

3. 장소는 누가와 마찬가지로 구체적이어야 한다. 사소한 것들 하나하나를 발견하고 상상할수록 나의 오감을 자극시키게 되고 사실적인 연기를 할 수 있다.

4. 장소에 집중! 장소를 구체적으로 인식하고 더욱 사실적으로 몰입하게 되면 온도, 소리, 냄새, 바닥에 무늬까지 보고 듣고 느끼는 오감의 감각들이 민감하게 깨워지고 반응하기 시작한다.

5. 이 과정들을 경험하는 것이 내가 진실로 상황을 사실로 연기하고 있다는 것이다.

Q. "장소에 집중하기 위해서는?"

1. 내 앞에 무엇이 보이는가?

2. 좌 우 위아래 내 귀에 무엇이 들리는가?

3. 무슨 냄새가 나는가?

4. 추운가 더운가 따뜻한가 시원한가? 피부로 느껴지는가?

Q. "장소 : 구체적으로 어느 위치, 어떤 사연을 담고 있는 장소로 만들어라."

1. 상대와 나 둘만이 들어야 하는 중요한 비밀 이야기인지 분석하여 공간 주변의 주의집중을 해라.

2. 어떻게 하면 공간을 효과적으로 이용하여 이 관계에서 내가 싸우고 있는 목적을 창조해낼 수 있을까?

3. 오디션의 경우 공간의 느낌을 신체적으로 표현해 정보를 제공해주며 무대를 넓게 이용해라.

4. 나는 [무엇을] 원하는가?

Q. "[무엇을]은 대사의 [행동]이 된다."

사건 예) 살인
무엇을 예) '살인'은

1. 사건을 유발한 행동

2. 유발되어하게 된 행동

3. 사건을 해결하기 위한 행동이다.

4. 무엇을 은 1번~5번까지의 대사들을 하나의 상황으로 파악할 수 있는 결정적 근거가 된다. 무엇을 은? 추후 나의 연기의 핵심적 행동이 된다.

5. 내가 원하는 무엇을 [어떻게] 하였는가?

Q. "어떻게는 [행동]을 실천하게 만드는 구체적인 [행동방법, 행동 적응]이 된다. 어떻게 행동할 것인가?"

행위 예) 살인하기 위해 칼로 찌르다.

어떻게는?

1. 사건을 유발한 행동, 유발되어하게 된 행동, 사건을 해결하기 위한 행동 4.

[무엇을]의 목표를 달성하기 위한 노력의 방법이자 '과정'이다.

2. 어떻게는? [무엇을]을 돕는 역할을 한다.

3. 무엇을 이라는 행동을 잘하기 위해선 어떻게 가 필요하다.

4. 말 그대로 무엇을 어떻게 하였는가? 또는 이제 어떻게 할 것인가? 을 추론하고 상상할 수 있게 된다.

5. 어떻게는? 추후 무엇을 을 잘 연기하는데 몰입할 수 있도록 구체적 행동을 만들어준다.

6. 나는 그것을 [왜] 원하는가?

Q. "[왜]는 대사의 [목표]가 되며 행동의 [동기부여]가 된다."

1. [왜]는 (어떤 행동을 하게 된 이유)

원인 예) 사랑하는 여자가 그의 손에 죽었다.
예) "왜? 칼로 찔렀어?"

2. 인물을 인간적으로 가장 잘 이해할 수 있는 부분

3. 반전이 나올 수 있는 부분이며

4. 이 '왜' 때문에 연기가 대사의 본질과는 다르게 산으로 갈 수 있다.

7. 그래서 그것을 [했는가?]

Q. "6하 원칙을 통해 인물이 무엇을 [했는가?] / 하려고 하는가? / 하고 있는가?

예) 나는 지금 칼로   찌르고 있는가?

찔렀는가?

찌르려 하는가?

1. 현재 대사 속에서 살인을 하려고 하는가?

2. 대사 중간에 했는가?

3. 지금도 하고 있는가?

4. 무엇을 의 진행상태를 파악할 수 있으며 진행과정을 사실적으로 연기할 수 있다.

8. 어디서 왔는가?

Q. "어디서 왔는가?는 인물의 과거다."

1. 지나간 시간, 전 상황이다.

9. 어디로 가는가?

Q. "어디서 가는가?는 인물의 미래다."

1. 목표 (목적) 이다.

Q. "그밖에"

1. 모르는 단어는 없는가?

2. 인물은 이 말을 알고 하는가?

3. 모르고 하는가?

4. 인물은 왜 이 단어, 같은 말을 반복적으로 하는가?

5. 인물이 처음 하는 말인지?

6. 인물이 생각을 정리해서 준비했던 말인지?

7. 인물이 그 단어(대상)를 어떻게 생각하느냐에 따라 표현은 또 다르다. 처음 하는 말은 충동적인 표현, 익숙한 말은 이성적이고 논리적인 표현일 것이다.

2. 전 상황 [지나간 시간]

: 지나간 시간 설정 후 경험 후 연기해라.

"Q. 전 상황이란?"

1. 연기할 첫 대사가 나오기 전의 상황. 첫 대사를 내뱉게 만든 상황. Before / Back story

2. 전 상황 : 지나간 시간, 지금 겪고 있는 상황에 앞서 어떤 사건이 반드시 있었다를 창조하라. 지금 겪고 있는 상황 (대사) 이전에 어떤 사건은 반드시 있었다.

Q. "당신이 연기에 몰입할수 있는 방법은?"

1. 내가 연기할 장면이 제대로 자리를 잡으려면 구체적일수록 지나간 시간에 초점을 맞춰야 한다.

2. 전상황을 제대로 설정하고 전상황안으로 들어가는 방법 밖에 없다. 대사에 나와있는 삶에서 10년 내지 20년 전으로 돌아가야봐야 캐릭터를 깊이 이해할 수 있게 된다.

3. 당신은 지나간 시간들에 대해 어떤 감정을 느끼고 있는가? 상대와 나의 관계가 어떻게 시작되었는지,지금은 어떤 상태인지,지금 당신이 막 연기하려고 하는 장면에 딱 들어맞는 강력하고 잘 정의된 '순간'을 설정해야 자연스럽게 상황에 몰입할수 있게 된다.

4. 지나간 시간을 생각하는것에 그치지 않고 그 시간에 스며들고,빠져들고, 그시간을 극복해라.

5. 지나간 시간에 자신의 감정을 투입해라. 지나간 시간에 몰입하기 위해서는 당신 자신에게 말을걸고 그 감정속으로 들어가야 한다. 나만의 싸움을 시작해

야 한다. 이성적인 생각들보다 감정에 이끌려 나아가려고 해야 한다.

6. 캐릭터가 이성적일수 있는 것은 내면의 강한 열정 때문이라는 것을 잊지 말아야 한다. 목적을 이루려는 열망이 넘쳐날수록 오히려 더 이성적이어야 하기 때문이다.

Q. "전 상황 (지나간 시간)을 창조해내고 싶다면?"

자신의 삶,자기 내면의 삶,자기만의 판타지,자기만의 상상력을 이용해서 지나간 시간이 매우 의미심장할수있도록 정력을 쏟아야 한다.

Q. "배우의 매력적인 첫등장,첫대사의 원천은 지나간 시간이다?"

1. 우리가 생각하는 첫인상의 중요성처럼 배우의 첫 등장과 첫대사를 뱉는 순간이 얼마나 중요한지 스스로 알고 있을 것이다.

2. 매력적인 첫등장과 첫순간을 만드는 것이 바로 지나간 시간이다. 배우는 지나간 시간속에 꿈을 만들어내야 한다.

3. 배우는 그 꿈이 지금 실현될것이라는 긴박감을 느껴야 한다.

4. 무대에 오르기 전 가슴 벅차게 로맨틱한 상태여야 한다.

Q. "당신의 연기가 무미건조한건?"

1. 당신의 전상황속에서 당신은 이미 체념하고 좌절했기 때문이다. 당신의 대사가 우울하더라도 지나간 시간 속에서 우울해하지마라. 당신은 반대로 극복하고 싶기 때문에 우울한 것이다.

2. 행복하고 싶은 욕망과 우울할 수밖에 없는 현실 속에서 혼란을 겪는 즉 지나간 시간 안에 상반된 에너지를 축적해놓은 배우는 드라마와 갈등이 가득한 그래서 교감하려는 욕망이 가득한 매우 강렬한 리딩을 할 수 있게 된다. 여기서 갈등은 상반된 의견이 충돌하는 것을 말한다.

3. 지금 상대에게 끌리지 않는 이유는 대사가 부정적이기 때문이며 상대와의 지나간 시간 즉 과거를 심어놓지 않아서 상대에게 단순히 부정적이어야만 할 것같은 대사의 선입견에 빠지게 된다.

4. 대사와 상관없이 상대에게 끌릴수 있고 상대에게 이루고 싶은 욕망이 가득한 지나간 시간을 창조하라.

Q. "전 상황 연기 핵심"

1. 전 상황이 바로 첫 대사를 내뱉는 순간의 목표 (꿈, 말하는 이유, 기대감, 의지) 모든 것을 만든다.

2. 자신의 목표 꿈이 대사들을 말함으로써 실현될 거라는 기대감, 긴박감, 벅차오름을 가져야 한다. 그래야만 당신은 대사의 상황 속에서 최선을 다해 실감 나게 연기할 것이다. 그것이 욕구이자 확신, 강한 의지이다.

3. 우리가 첫 대사를 연기하기 이전에 전 상황에 먼저 몰입해야 할 것이다.

4. 전 상황이라는 시간에 스며들고 빠져들어야 한다. 전 상황은 마치 엔진의 시동을 거는 거와 같다.

5. 전 상황에 몰입하기에 앞서 먼저 나 자신에게 말을 걸면서 눈앞에 펼쳐진 상황을 하나씩 받아들이려고 노력해야 한다.

6. 대사에 쓰여있는 대로만이 아닌 상반된 요소들을 최대한 많이 발견해내고 그 상반된 요소가 만들어낸 갈등적 상황을 적극적으로 맞서 싸우려고 해야 할 것이다.

7. 우리의 삶은 진행형이다. 지금 이 순간들이 지나 과거와 미래를 만든다. 대사 또한 마찬가지다. 내가 뱉을 첫 대사가 왜 나오게 됐는지의 원리를 거꾸로 알고 대사가 나오기 이전에 상황들을 추론, 상상, 경험하여야 한다.

8. 전 상황 전의 상황(배경, 전전 상황, 전전 전상 황,,,) 더 깊게 파고들어 경험(즉흥 상황으로 연기)할수록 인물의 감정에 몰입하는데 효과적이며 인물의 행동양식 또한 자연스럽게 찾아나갈 수 있다.

9. 그것은 마치 '드라마 10회를 오늘 처음 보는데 1회~9회를 찾아보면 10회가 이해가 빠르게 되는 것'과 같은 것이다. 사실상 대사분석을 하게 되는 것은 전 상황을 알기 위해 분석한다고 해도 과언은 아닐 것이다.

10. 내가 지금 순간 뱉게 될 대사들은 전에 상황(사건)들을 겪었기 때문에 나오게 되는 말들이기 때문이다. 최초 대사를 '상대의 말에 대한 답변'이라고 정하자.

11. '답변이 나올 수밖에 없는 상대의 말'을 생각해보는 것부터 거꾸로 하나씩 차근차근 전 상황을 만들어 나갈 수 있다.

12. 내가 어떤 말을 할 때를 떠올려보자. 평소 우리는 혼자 가만히 있을 때는 말하지 않는다. 눈으로 보았거나 귀로 들었거나 코로 냄새를 맡았거나 신체적으로 어떤 감각을 느꼈을 때의 자극(오감)으로 인한 어떤 생각, '나는 ~을 원한다' 자극을 받아 내가 ~을 원하고 ~을 필요로 하는 욕구로 인해 말로써 행동으로써 욕구를 해결하려고 하는데 이 과정들을 대사를 보고 거꾸로 거슬러 찾아가야 한다.

13. 물론 신체 반응들의 과정이기 때문에 오감을 자극시키며 온몸으로 다시 참여해 상황들을 만들고 수정하고 경험하여야 효과적이다.

14. (에쮸드 : 즉흥 상황 연기) 결국 오감은? 6하 원칙에 의거한 상황을 만들어주고 구체적인 6하 원칙에 의거한 상황은? 다시 오감을 자극시켜 상황을 사실적으로 경험하게 만든다.

15. 우리가 보는 영화 속 인물들은 움직이고 있으며 말을 한다. 우리가 보는 영화 속 인물에게는 모든 대상들(ex: 자동차, 바람소리 등)의 소리가 들려온다.

16. 오감을 자극시키기 위해서는 구체적 이미지 연상, 마치 영화를 보고 있는 것처럼 상황 속으로 몰입하는 것이 중요하다. 오감을 깨우며 더 구체적인 전 상황을 만들어나가며 경험한다.

17. 인물과 공간의 이미지가 잘 떠오르지 않을 경우 내 주변 인물이나 내가 잘 알고 있거나 인상 깊게 본 인물과 장소/공간의 이미지로 대체하여 더욱 구체적이고 사실적으로 접근하려 노력한다.

18. 전 상황과 모든 연기는 시간, 공간을 자유롭게 넘나들 수 있는 구체적이고 풍부하고 다양한 상상력이 필요하며, '작은 변화들이 모여 큰 변화를 만든다'라는 말처럼 사소한 것, 더 작은 것들을 세심하게 생각하고 느끼려 하면 할수록 사실에 가까운 순간과 상황을 경험할 수 있다는 것이다.

19. '과정에 충실해야 좋은 결과를 만든다' 행동과 말이 결과물이라면 결과물이 나오게 된 과정을 겪어야지만 당연한 결과물을 만들어낼 수 있다는 것이다.

20. "모든 연기의 시작은?" "내가 연기를 시작하게 될 최초 대사의 전 상황을 연기하는 것부터" 시작이 반이다.

21. 무엇이든 첫 시작은 중요하다. 전 상황을 겪고 말(대사, 단어들)을 이미지 화시키는 것이 중요하다.

22. 이미지화란? 다시 장면화(상황 연기)시킨다고 생각하면 쉽다. 연극영화과 입시 자유연기, 지정대사, 당일 대사 모놀로그 (독백) 연기 시 자신이 연기할 장면은 전상 황들의 영향을 받기 때문에 자신이 연기할 장면 전까지의 내용들을 분석해야 한다.

Q. "과거를 회상하는 대사 어떻게 연기해야 하는가?"

1. 독백 대사의 경우 과거의 상황을 대사로 이야기하는 부분이 많다.

2. 과거를 재 경험한 모습을 보여줄 것이냐?

3. 그 과거의 상황 (과정)이 현재 나에게 어떻게 미치고 자신의 판단을 보여 줄 것이냐?

4. 배우는 대사의 인물의 태도를 파악하여 선택해야 한다.

3. 서브텍스트

"행동은 서브텍스트와 혼잣말로 시작한다."

관객은 내재된 의미를 듣기 위해 극장에 온다. 희곡은 집에서도 읽을 수 있기 때문이다. - 스타니슬랍스키

Q. "행동은 서브텍스트와 혼잣말로 시작된다."

1. '생각 = 내적 독백 = 서브텍스트 = 혼잣말 = 대사'다.

Q. "서브텍스트란?"

1. 극 중 인물이 대사 말고도 마음으로 생각하는 말(생각)들.

2. 대사와 대사 사이를 잇는 말들(생각).

3. 비트 (대사와 대사 사이 행동이 바뀌는 단락)를 이어주는 말.

4. 대사 안에 숨겨진 또 다른 의도(의미, 목표, 진실)

Q. "생각의 흐름. 내적 독백이란 무엇인가?"

1. 생각은 떠올리는 것. 연관된 이미지들을 연상. 이미지들을 움직이는 상황. 스토리들의 연결 등. 생각이 시작되면 그 생각 속에서 욕구(목표)가 충동적으로 생기며 행동하고 싶어 진다.

2. 결국 생각이 시작되는 순간부터 역할로서 존재하게 되는 것이다.

Q. "생각의 흐름 속(내적 독백)에 서브텍스트가 있다?"

1. 대사를 말할 때 집중하고 있는 생각(대상, 이미지, 상황)을 속으로 혼잣말로 표현하고 있는 것.

2. 생각이 생각을 만들면서 생각은 흐른다. 연속적으로 진행된다. 끊임없이 자극받는다. 곧 생각이 멈춘 인간은 없다.

3. 대사를 만드는 과정, 대사가 지니고 있는 의미, 대사를 말로 하기까지의 생각, 행동 판단

4. 의식의 흐름, 내면의 흐름, 속으로 하는 말, 서브텍스트, 대사의 숨은 의도, 혼잣말로 지껄여봐라.

Q. "서브텍스트와 생각의 흐름을 만드는 혼잣말"

1. "당신의 생각을 깨워주는 '혼잣말'과 당신의 대사의 숨겨진 의미를 벗겨주는 '서브텍스트'를 알고 연기해라."

2. 사실 혼잣말(내면의 생각들을 말로)이란 다른 사람에게 말을 거는 행위이기도 하다.

3. 인간은 누구나 혼잣말하기도 하고 혼자 할 말만 하기도 한다. 같은 말이다. 혼자 하는 말을 소리 내어서 할 수도 있고 가슴속으로 만 하는 경우도 있다.

4. 겉으로 뱉으면 말이 되고 속으로 말하면 생각이 된다. 즉 자신에게 하는 말일 수도 있고 상대방에게 소리 내진 않지만 상대에게 마음속으로 하는 말 또한 혼잣말이다.

5. 말하지 않는다고 말 안 하는 게 아니다. 침묵은 때론 가장 큰 부정을 가장 큰 긍정을 전달한다.

6. 배우는 이 혼잣말(서브텍스트)을 연기에 적용시킬 줄 알아야 한다. 인간은

끊임없이 혼잣말(연속적으로 생각)하며 변화하기 때문이다.

7. 혼잣말하며 변화한다는 말은 곧 혼잣말하며 생각하고 고민하며 선택하려 노력하고 행동한다는 말이다.

8. 순간순간 쉬지 않고 혼잣말한다는 것은 쉬지 않고 생각하고 고민한다는 것과 같다.

9. 당신은 지금 어떤 혼잣말을 하고 있는가? 연기할 때 혼잣말하며 연기해 본 적 있는가? 혼잣말이 없다면 생각이 없거나 구체화되지 않았다는 증거다.

10. 서브텍스트를 알아도 서브텍스트를 설정해도 자신이 연기에 서브텍스트를 적용해 연기하지 않으면 아무 소용이 없다는 것을 명심하라.

4. 몰입

Q. "개성이란?"

1. 디테일(섬세)한 연기다.

2. 섬세한 연기는 사실적인 연기다.

3. 디테일한 연기는 매력적인 연기다.

4. 자신만의 색깔

5. 다른 사람과 다른 나만의 것

6. 나만의 특별한 것

7. 남이 쉽게 따라 할 수 없는 것

Q. "대사에 개성을 불어넣는 방법 (디테일한 연기를 만드는 방법)"

1. 내 모든 것이 동반되어야 나와 인물이 하나가 되는 것."책을 읽고 독후감을 써와라. 연기수업을 듣고 연기일지를 써와라. 대사를 분석해서 대사의 숨겨진 의도 서브텍스트를 써와라." 등 연기학원을 다니며 선생님께 많은 주문을 받았을 것이다. 결국 연기는 자신이 하는 것. 자신의 생각이 동반되어야만 자신의 신체를 진실되게 움직일 수 있다.

2. 고유한 것 특별함 개성. 나만이 갖고 있는 그 무언가를 나만의 방식으로 표현하라. 자신만의 고유한 표현이 있어야 한다.

3. 인간이 씻을 때 다 똑같지 않다. 즉 씻는 방법 순서 과정이 모두 다르다는

말이다. 당신만이 선택한 칫솔이 있듯이 연기 또한 당신만이 선택한 목적을 향한 의도와 방법(전술, 전략, 행동) 있어야 한다.

4. 지극히 개인적인 표현이 있어야 한다. 이것이야 말로 자신이 다른 배우들보다 매력적으로 어필할 수 있는 유일한 무기다.

5. 자신만의 그 무엇을 찾고 표현해라. 자신만의 그 '무엇'을 표현할 때는 어린아이가 로봇을 사달라고 조르는 것처럼 아주 단순하고 즉각적이어야 한다.
6. 대사의 내용을 나만의 생각으로 구체적으로 이해하지 않으면 연기할 수 없다. 대사를 자극받을 수 있는 나만의 상황으로 이해, 눈앞에 상황을 펼칠 수 있어야 한다. 대사를 읽고 떠오르는 인물의 상황을 내가 경험했던 상황으로 바꿔 집어넣어 본다.

7. 당신이 경험해보지 상황이라면 지금 당장 의자에서 일어나 움직여 보며 말해보며 상상해보고 즉흥 상황을 통해 지금 경험해보자.

8. 시험장에서는 마치 지금 일어나는 것처럼 상황을 다시 새롭게 경험하고 상황 안에서 더 새로운 것들을 발견해 내야 한다.

9. 대사가 만두 피라면 나의 상황은 만두소가 된다. 만두피 (대사마다)에 만두소 (나의 상황)을 넣어라. 대사는 압축되어 있는 결과물이다. 압축되어있는 결과물을 보고 그 결과물을 만든 과정을 나만의 상황으로 풀어야 한다.

Q. "대사 ex) 그녀의 아버지는 이 사람을 좋아했습니다."

<u>그녀</u>

1. 실제로 중학교 2학년 때 내가 짝사랑했던 윤효선으로 대체.

2. 혼자 연기하는 독백의 경우 상대가 구체적이어야 잘 떠올릴 수 있다.

3. 허공에 상대가 있는 척하지 마라. 진짜 눈앞에 있다.

4. 오감각으로 느껴봐라. 느껴지지 않는다면? 대화해봐라. 그럼 느껴지는게 있을 것이다.

5. 이름까지 생각나는 구체적이며 사연이 깊은 상대로 설정해라.

6. 내 눈앞에 아직도 생생한 그녀의 얼굴, 옷차림, 냄새 등 이미지 생생하게 떠올릴 수 있는 설정을 해라.

7. 내가 그녀에게 편지로 고백했지만 그녀는 내게 미안하다며 친구로 지내자고 답장했다. 스토리를 더 만들어라. 감정적으로 느낄수있게 더 만들어라.

Q. "그녀의 아버지는 우리 아버지의 친구이다."

1. 그녀는 날 좋아하지 않았지만 그녀의 아버지는 날 좋아했다.

2. 내가 공부를 잘하며 인사성이 밝다며 내게 항상 웃는 얼굴로 악수를 청해 주셨으며 용돈도 종종 주셨다.

3. 그녀를 떠올리며 그녀와 접촉하고 대화를 하는 연기를 할 수 있어야 함. 아버지도 마찬가지 아버지의 모습을 생생하게 설명할 수 있어야 하며 아버지와 접촉하고 대화를 하는 연기를 할 수 있어야 함.

Q. "ex) 종종 집으로 초대해서 내 신상에 관한 얘기를 듣고 싶어 했습니다."

"종종" = (때) 매일 밤 12시

1. 일을 마치고 가로등이 켜있는 집으로 걸어가고 있을 때를 떠올림.

2. 종종만을 디테일하게 연기할 수 있어야 함

Q. "위 대사를 연기할 때 필요한것들?"

1. 일을 마친 즉후의 나의 신체적 상태

2. 피곤한 정도

3. 걸음걸이 템포

4. 가로등을 쳐다보며 드는 나의 생각과 기분(느낌)

5. 집으로 걸어갈 때의 생각과 기분(느낌) 연기

6. 사물의 위치

7. 나의 방향

8. 상대와의 거리감 설정 및 연기 가능해야 함 (공간 활용 능력)

Q. "집"

1. 실제로 내가 본 영화 올드보이의 극 중 이우진(유지태)의 집을 떠올림.

2. 눈이 휘둥그레지는 팬트하우스의 고급스러운 집안의 인테리어.

3. 집안 공간들을 보고 느끼고 움직이며 눈앞에 보이는 것들을 상세하게 설명할 수 있어야 함.

Q. "끊임없이 행동. 할 것들이 많은 배우는 대사의 상황 속에 몰입되어 인물로 사고하고 행동한다."

1. 연속적인 행동을 할수 있다면? 인물이 상황 속에서 받아들이고 극복할 인물의 태도를 안다는 것이다.

2. 인물의 태도가 어떤 흐름으로 변화되고 있는지 파악할 줄 알아야 한다. 당신의 사랑에 대한 태도가 변했다면 그 이유는 무엇인가?

5. 메서드 연기 [혼연일체]

Q. "역할의 삶과 나의 삶을 동일시시키는 방법?"

1. 만약에 내가 이런 상황에 처했다면?

2. 나에게 이런 비슷한 상황이 있었다면?

3. 어떤 부분이 같고 (인물과 같은 부분) 어떤 부분이 다른가?

4. 나와 인물이 다른 부분은 무엇인가?

5. 나만의 상황 경험

6. 나만의 지식

7. 나만의 이미지

8. 나만의 언어로 번역

9. 나만의 생각

10. 나만의 과거

11. 나만의 자극

12. 나만의 형태

13. 나만의 오감

Q. "연기는 내가 인물의 삶을 다시 재경험한 것이다."

1. 메서드 연기의 시작은?" "내가 갖고 있는 모든 기억, 모든 사건, 모든 감정과 연결시켜서 다시 내 것으로 만들어 보아라."

2. 나의 모든 것으로 대사를 번역하고 대사의 상황을 나의 모든 것들로 대체해보고 대입해보고 연관 짓고 연상해서 대사의 상황을 새롭게 만들어 지금 그 새로운 상황에 들어가 보자. 인물의 내면과 나의 내면을 일치시켜보자.

3. 효과적인 이해방법은 나에게 이미 기억돼있는 정보(알고 있는 것)를 최대한 활용하는 것

Q. 예) "걔 알지? 연예인 전지현 닮은 애 있잖아!"
   예) "그때 얼마나 뜨거웠냐면? 라이터로 발바닥을 지지는 느낌이었어!"

 모든 대사는 "이 대사는 마치 나에게 ~ 인 것처럼"으로 구체적으로 추상적(은유화)으로 말할 수 있어야 할 것이다.

 "은유 되어 있는 대사 -> 다시 내가 은유 -> 서브텍스트 연기"

1. 대사를 이미 기억돼있는 내가 잘 알고 있는 내게 축적된 나만의 특별한 다른 정보로 나의 모든 콘텐츠와 구체적으로 비유, 은유해서 재 경험하라. 대사에 이미 비유, 은유되어 있다면 그 대사에 내재되어있는 본질적인 의미 (서브텍스트)를 발견하고 다시 나의 것으로 비유할 수 있어야 비로소 내가 진실되게 그 대사를 말하고 행동하고 감정을 동반할 수 있을 것이다.

2. 새로운 사실을 알릴 때 기존의 알만한 정보들을 빗대어 이야기할 경우 이해가 빠르다. 풍부한 상상력을 갖고 있는 사람이라고 자신에게 최면을 걸고 지나치게 추상적이면서도 지나치게 구체적인 기존 데이터를 접목시킨다. 모든 감각을 깨워 쏟아 이해하라.

3. 몰입하고 있다면 당신은 존재하고 있다는 것이다. 몰입은 존재다. 살아있다는 증거다. 내가 존재한다는 걸 보여줄 때 내가 존재한다는 게 보이고 내가 존재한다고 알아줄 때 내가 존재하고 있는 걸 느낄 수 있다. 연기나 인생이나 그 존재한다는 것의 가치. 그냥 가만히 있어라. 생각해라. 고민해라. 그것이 연기다. 무언가에 빠지다. 상황을 새롭게 다시 만날 것.

감수성 [명사] 외부 세계의 자극을 받아들이고 느끼는 성질.
자극 [명사] 1. 어떠한 작용을 주어 감각이나 마음에 반응이 일어나게 함

"길가에 가로등을 보고 외로움과 쓸쓸함을 느끼고 가로등은 바로 나야라고 몰입될 때 가로등과 나는 하나가 된다." 일상에서 삶에서 사소한 것에서 소중한 의미를 찾는다. 자연과 하나가 되려 하는 인간. 이것이 예술가 배우가 가져야 하는 마인드다.

4. 우리는 외부의 자극에 따라 반응한다. 오감이 그 자극들을 항시 감지한다. 이것은 인간이 생존하기 위한 외부의 공격으로부터의 방어본능이다. 민감한 자극(강한 공격)에 몰입하게 되어있다. 그것은 내가 흥미로움을 느꼈던 강한 자극일 수도 있고 편안함을 느꼈던 강한 자극일 수 있다. 나를 감각과 마음에 반응을 일어나게 하는 즉 자극시키는 감수성을 갖고 있는 나만의 대상을 찾아야 한다. 내가 민감하게 느낄 수 있는 것들을 주변에서 찾아라. 감수성을 자극시킬 수 있는 대상은 내가 어떤 인물인지 대사 이전에 어떤 상황을 겪은 인물인지를 자연스럽게 끌어온다.

6. 오감으로 몰입 [행동의 원인]

오감 : 시각, 청각, 후각, 미각, 촉각(피부감각) 5개를 오감이라고도 한다. 감각 (感覺) [감 : 각] 감각이란 무엇인가? 감각 (感覺)이란 외부의 물리적 자극에 의해 인간의 의식에 변화가 생기는 것을 의미한다.

Q. "오감이란? [명사]"

1. 눈, 코, 귀, 혀, 살갗을 통하여 바깥의 어떤 자극을 알아차림.

2. 사물에서 받는 인상이나 느낌.

3. 신체의 내외부에서 나온 자극에 의해 생기는 의식의 체험.

4. 인간의 감정의 단계는 다음과 같다. ＊ 무감각 -> 감각 -> 감정 -> 감동 -> 광 감정

Q. "행동의 원인은 오감이다?"

1. "오감이 뇌를 자극시키고 정신과 신체의 모든 표현을 좌우한다."

2. 대사를 이해할 땐 오감을 활용하여 특별한 자극을 받을 정도로 이해하여야 한다.

3. 대사는 구체적인 상황의 이미지와 움직이는 모든 것들로 연상하여 직접 그 공간에 들어가 경험을 하여야 한다.

4. 연상되는 매 순간들을 새롭게 경험하고 대체하는 것을 반복적으로 학습하여야 한다.

Q. "희곡 연극 대사들은 모든 것들을 비유해놓은 대사들이 많다."

1. 영화와는 달리 시공간을 자유롭게 넘나드는 것이 제한적이기 때문에 제한된 공간, 시간 속에서 역할들의 비유적인 짧은 대사들로 작품의 모든 상황을

관객에게 눈앞의 현실처럼 보여 주어야 한다.

2. 우린 그 비유적인 대사들을 다시 우리만의 비유로 재해석하고 영감을 받아 간 적 접적으로 경험하여 역할과 하나가 되어 다시 그 대사를 생동감 있게 내뱉는다. 말로도 그 비유적인 표현이 안되면 표정으로 표정이 안되면 손짓 발짓 몸짓으로 말이다.

3. "감각과 오감" 감정적으로 연기하지 말고 감각(오감)적으로 연기하면 상황에 사실적으로 몰입할 수 있다. 상황에 몰입되어 변화하거나 머물러 있는 배우의 신체적 모든 상태를 보고 관객들은 각자 자신들만의 자극들로 감정이라는 것을 느낀다. 오감으로 감각적으로 연기하라.

Q. "오감의 자극을 통한 연기의 행동변화 예"

1. (시각) 문을 열고 들어가자마자 썩은 냄새(후각)가 난다. 지금 여기는 무섭다. 걸음을 멈췄다. 온몸(근육 수축)이 굳어버렸다.

2. (시각) 비가 온다. (청각) 쇳덩어리를 깎는 소리가 난다. (들숨과 호흡 변화) 지금 여기는 무섭다. (판단) 걸음을 멈췄다. (행동변화) 온몸(근육 수축)이 굳어버렸다.

Q. "몰입의 요소"

'오감 자극'이 몰입의 시작이다.

배우들은 아폴론이 하늘에서 영감을 보내주기를 가만히 기다리고 있지만 아폴론은 자기 일로 너무 바쁘기 때문에 배우들은 스스로 영감을 불러일으킬 수 있도록 열심히 노력해야 한다. - 글리케리아 페도토바

<몰입, 영감을 불러일으키는 것들>

대사 ex) " 잘 있지?... 나도 잘 살고 있어..."

아래는 오감활용하여 서브텍스트로 변형한 대사

"그녀가 떠나고 크리스마스에 그녀와 함께 갔던 커피숍을 찾아갔다. 그녀와 갔던 커피숍은 마치 그녀가 내 손을 잡아주듯 내게 따뜻함과 쓸쓸함을 준다..." 난 슬픔을 머금고 따뜻한 아메리카노 한 모금을 호 불며 마시곤 난 말했다. " 잘 있지?... 나도 잘 살고 있어... "

1. 공간

: 넓이 크기 높이 등

ex) 폐쇄 공포증 -> 대사 ex) "그 사람이 너무 보고 싶어 숨을 쉴 수가 없어.... "

ex) 뛰어다니고 싶을 정도로 넓기 때문에 흥분된다. -> 대사 ex) "난 영화배우가 될 거예요! "

2. 인테리어

: 바닥 벽 가구 질감 천 시멘트 나무로 된, 화려한 장식 등 내 눈을 자극시키는 인테리어

ex) 화가 나는 상황 바닥에 복잡한 무늬마저 나에게 어지러움과 복잡한 심경을 만든다. 바닥을 발로 차고 싶다. -> 대사

ex) " 내 인생은 왜 이렇게 꼬일 대로 꼬여버린 거야! "

ex) 가난한 우리 집이 싫어 어머니와 싸웠다. 그때 내 눈에 보인 건 다 헐고 뜯어진 벽지다. 난 순간 벽지가 나인 것 같아 눈물이 왈칵 쏟아졌다. -> 대사 ex) " 벽지 하나 새 걸로 못 바꾸는 게 우리 집인데 내가 어떻게 대학에 갈 수 있겠어! "

3. 빛

: 조명 불빛

ex) 장례식장 한숨을 쉬다 문득 천정의 어두침침한 형광등을 보았다. 그 형광등은 나의 어두운 미래를 대신하는 것만 같았다. -> 대사 ex) " 엄마.... 보고 싶어... "

4. 색깔

: 상대의 옷 색상과 주변 공간의 색

ex) 검은색 책상과 검은색 정장을 입은 그의 모습은 내게 냉정함을 주는 것만 같았다. 난 더 이상 의자에 앉아있기 힘들었다. -> 대사 ex) "당신은 나보다 일이 더 중요해요! "

5. 소품(사물)과 의상

: 소품(사물), 의상이 주는 느낌 (물건에 사연: STORY을 담아라.)

ex) 그녀가 선물해준 지갑을 꺼내 커피값을 계산했다. 오늘은 그녀가 흰색 원피스를 입었다. 난 갑자기 말해주고 싶었다. -> 대사 ex) " 자기야 사랑해...."

6. 환경 : 풍경 (멀리 있는 것)

ex) 그와 심하게 다투고 있는 도중 창문 너머에 비가 내리고 있었다. 그렇게 내 마음에도 비가 내리는 것 같았다. 난 그를 다시 보고 말했다 -> 대사 ex) "우리는 이대로 헤어져야만 할까?... "

7. 다른 공간 끌어오기

ex) 그 사람에게 헤어지자는 통보를 받았다. 추운 겨울 맨발로 살얼음을 걷는 공간이 내 앞에 펼쳐졌다. 나는 쉽게 걷지 못했다. 호흡은 굳어버렸다.

-> 대사 ex) " 왜... 난 안 되는 건데..."

8. 다른 사람 끌어들이기

ex) 자살을 하려던 찰나 갑자기 가족들의 얼굴이 내 눈앞에 아른거렸다.

-> 대사 ex) " 내가 뭐 하고 있는 거지...? "

9. 냄새

 냄새로 어떤 것들이 떠오르는가? 어떤 기분과 어떤 자극을 주는가?

10. 온도

- 온도로 연기하라

- 대사의 온도를 느껴라.

- 따뜻한 온도를 느끼며 따뜻함을 말하면 부드럽고 온화하고 정성스러운 소리가 나온다.

- 차가운 호흡

- 따뜻한 호흡

11. 촉감

12. 맛

Q. '대나무를 그리려면 먼저 내 안에서 그것이 자라나게 하라.'

1. 그 사람처럼 사고하고 행동해야 한다. 느끼려 하고 생각하려 해야 한다.

2. 어떤 대상을 의인화, 동물화, 다양한 것으로 느껴보고 사고하고 행동해야 한다.

Q. "몰입 과정"

1. 그것은 그래프가 될 수도 있고 숫자가 될 수도 있고 선이 될 수도 있고 어떤 형태, 이미지, 움직임, 소리 등등이 될 수도 있다. 버지니아 울프는 종종 작업 중에 자신이 바라보고 있는 사물이 될 때까지 계속 앉아서 그것을 발견한다고 했다.

조안 미첼은 그림은 나의 일부분이 아니다. 그림을 그릴 때 나는 나 자신을 인식하지 못하기 때문이다. 내가 전에 말한 대로 나는 아무 힘이 없다. 그림이 나에게 해야 할 일을 지시하는 것이다. [생각의 탄생 : 생각도구 8 인용

미셸 루트번 스타인 / 로버트 루트번 스타인 저]

2. 가장 완벽한 이해는 자신이 이해하고 싶은 것이 될 때 시키는 대로 하는 것. 자신의 내부에 있는 감각과 정서 사이에 연결된 끈을 찾아내라. 사람이 아닌 것이 되는 것이 어떤 느낌일까 생각해라.

내 연기의 95%는 촬영 현장에서 시작됩니다. 나는 배역에 완벽하게 몰입되기만을 바랍니다. 내가 진짜 그 사람이 되어 그 사람의 모든 것이 나를 통해 저절로 나타나길 바라는 거죠 카메라 앞에서. - 배우 줄리엔 무어 <자존감은 어떻게 시작되는가 중에서 저: 에이미 커디>

3. 몰입은 집중! 집중은 주의를 집중, 주위를 집중, 주변을 집중, 상대에게 집중, 나에게 집중. 상대와 나에게 동시에 집중 집중은 몰입! 몰입은 내가 지금 할 수 있는 것들을 찾고 고민하고 할 수 있는 것들을 효과적으로 하는 모든 과정이다. 결과를 위해 연기하고 있다면 모든 것들은 사라져 버린다.

4. 우리는 과정을 보여주는 것이지 대사에 쓰여있는 결과를 말하는 것이 아니다. 지금 이 글을 읽고 고민하고 있다면 그 순간도 연기다.

5. 우리는 살아있는 인간을 연기한다. 진정한 자유란 스스로 생각하고 고민하고 평가하고 판단하고 행동할 수 있는 것이다.

6. 인간은 거짓말쟁이. 언 행 불 일 치 하려고 본래 마음 숨기고 싶지만 몰입 속 마음은 거짓말할 수 없다.

Q. "몰입의 시작"

1. 연기를 시작하기에 앞서 주변을 볼 것 또는 주변을 볼 수 있다는 생각을 갖는다.

2. 주변 (환경)에서 얻을 수 있는 영향 (나를 도울 수 있는 것들, 방해되는 것들)을 모두 생각하고 느끼고 평가해본다.

3. 여기서 말하는 주변은 말 그대로 주위, 환경, 공간, 장소이다. 사물, 나무. 바닥, 공기, 바람 등도 될 수 있다.

4. 연기를 하면서 만약에 내가 이런 상황에 이런 주변에 있다면 이라는 질문을 던지고 생각에 잠긴다. (몰입)

5. 대사(말)의 상황을 주변에 맞추어 본다. 대입해보기도 하고 대조해보기도 한다.

6. 어떤 주변을 보며 그 말을 하게 되는다. 생각의 초점을 주변에 한 공간에 맞춰본다.

7. 생각이 흐르면서 (대사가 다음 대사로 넘어가면서) 나의 시선(생각)의 초점은 어디로 흐르는가? 넘어가는가? 생각이 바뀌면 호흡도 시선도 행동도 모든 것이 바뀐다.

8. 연기를 하면서 내가 이런 말을 이런 상황에 이런 주변에서 한다면 이라는 질 물은 던지고 생각에 잠긴다. (몰입)

9. 연기를 시작하기에 앞서 상대를 의식한다.

10. 주변에 대한 생각과 상대에 대한 생각을 교차하고 대입하고 대조하며 의식한다. 생각을 한다.

11. 상대를 바라보고 있을 때 느껴지는 정서, 느낌, 감정, 하고 싶은 행동, 하고 싶은 말, 기운, 기분, 떠오르는 과거, 상대의 특정 신체 부분이 나에게 주

는 영향, 향수, 옷 등 모든 것들이 나에게 상대를 의식할 수 있도록 도와준다.

12. 상대를 의식한다는 것은 상대에게 몰입하고 있다는 것이다.

13. 주변과 상대를 의식한다.

14. 주변도 보고 상대도 보고 번갈아 볼 수 있다. 우리는 우리에게 주는 모든 자극에 민감하게 반응하게 되어 있다. 파리가 지나가도 파리를 쳐다보게 되는 예와 같다.

15. 주변과 상대에 몰입이 된다면 이제 말 (대사)의 상황을 떠올리게 만드는 생각은 무엇인지 생각해본다.

16. 고민한다. 이 생각과 고민은 연기를 하며 이루어져야 한다. 인간은 대화를 나누면서도 생각과 고민에 빠지며 대화의 내용과는 전혀 다른 생각을 할 수도 있기 때문이다.

17. 말 (대사)를 뱉게 되는 충동(생각)의 검열이 끝나면 다시 주변과 상대를 의식하며 가장 최선이라고 생각되는 말의 방법을 선택(행동 동사)하여 말한다.

18. 행동 동사로 말은 하고 있지만 상대에 대한 의식이 나에게 주고 있는 것은 다를 수 있다.

예) 그녀를 사랑하지만 헤어지자고 냉정하게 말하는 그의 눈빛이 냉정하지만은 않다. 와 같다.

19. 대사를 말하며 상대의 모습을 보며 떠오르는 생각 대사를 말하며 느껴지는 깨닫는 생각 대사를 말하므로 해서 나에게 영향을 준 것들 생각들. 대사를

말하고 나의 상태를 순식간에 체크해야 한다.

20. 왜냐면 다음 대사에 영향을 주기 때문이다. 내 모습을 항상 바라보는 연습을 통해 숙련하는 것이 좋다. 상대의 말을 들어본다.

21. 상대의 얼굴을 보고 느껴지는 것들. 생각에 집중해본다. 부정적인 것과 미처 생각하지 못한 긍정적인 것들 모두 생각해본다.

22. 상대와 나와 해결할 수 있는 지혜로운 방법을 한번 고민해본다. 대사는 그 방법을 선택하지 않았다면 그렇게 못한 것에 대한 아쉬움을 생각해본다.

23. 위의 모든 과정은 순서는 상관없다. 하지만 끊임없이 지속적으로 민감하게 주변, 상대, 나, 우리를 교차 주시(생각) 해야 할 것이다.

24. 주시하고 생각할 땐 항상 긍정적인 것 부정적인 것을 동시에 번갈아 고민해야 한다. 욕구는 못하기 때문에 하고 싶고 잘하려 하니 못하는 나를 발견하는 것이다.

25. 한 번의 연습으로 터득할 수 있는 방법이 아니다. 내면화시키는 작업에서 필요한 것은 편안한 상태 릴랙스, 자유로움, 사고의 유연성, 즉흥성, 어떤 행동이든 불사르고 할 수 있는 신체적 상태가 먼저 되어야 가능하다.

26. "상황에 몰입하는 마인드는 아래와 같다."

27. 오늘 아침 일어났는데 커튼 사이로 환하게 햇빛이 들어오는 것을 보았다. 오늘부터는 그녀를 잊고 새롭게 시작할 수 있을 것 같은 희망이 생겼다.

Q. "상황 몰입의 방법"

1. 시각

- 빛의 정도와 눈에 보이는 것들 전체 분위기 (멀리 있는 것)
사소한 것들 (가까이 있는 것) 파악

- 공간의 대상(사물은 나와 어떤 사연이 있는 것들인 가)
상대 위치 파악 (상대는 어떤 모습인가)

2. 청각

- 들리는 것들의 집중
- 그것들의 영감
- 그것들은 나에게 어떤 영향을 주는가
- 나는 서서히 어떻게 변화하는가
- 평가와 행동 가능성 여부 파악

3. 촉감

- 촉감적으로 느낄 수 있는 것들의 집중 피부에 닿지 않아도 감촉을 영감으로 느낌.
- 그것들의 평가와 행동 가능성 여부 파악

4. 신체

- 나의 현 상태 근육의 움직임 자세
- 어떤 행동을 할 수 있고 얼마큼 행동할 수 있는지의 가능 여부 파악
- 갈증 호흡 에너지

- 신체의 피곤 상태
- 호흡에 따른 근육의 수축 이완 여부 파악
- 침샘 마르는 정도

5. 목표에 따른 자극제

- 목표를 달성하려 하지만 가장 두려운 것은 무엇인가 (내적인 것/외적인 것)
- 목표를 달성하려 하지만 두렵다 하지만 나를 보호할 수 있는 것 (내적인 것/외적인 것)
- 목표를 달성하려 하니 흥분시키는 것 (내적인 것/외적인 것)
- 목표를 달성하기 위해 나에게 안정감(신중함)을 주는 것 (내적인 것 / 외적인 것)
- 무엇이 날 이렇게 하게 만드는가? 에 집중

6. 행동 시작

- 언제 움직일지
- 어떻게 움직일지
- 얼마나 오래 움직일지
- 멀리 가깝게
- 정지
- 조정하고 조합해봐라.

7. 템포(속도)로 연기하라.

호흡으로 연기하라.
호흡 = 생각 = 말 = 템포
- 템포를 느껴라

- 템포는 호흡

- 템포는 속도

- 템포는 리듬

엄청 빠르게

엄청 느리게

갑자기 멈춤

아주 길게

아주 짧게

중간중간

8. 오감 체크

대사를 오감으로 지금 경험한다.

1. 시각적으로 대사를 내 눈앞에 상황으로 떠올릴 수 있어야 한다.

2. 떠올린다에서 끝나는 것이 아닌 눈앞에 실제로 그것들을 보며 움직이고 행동(행위) 할 수 있어야 한다.

9. 민감함으로 연기

오감의 자극 중 당신은 어떤 감각에 가장 민감한가? 민감하지 않은 오감의 자극은 어떤 것들이 있는가? 그것들을 민감하게 바꿀 수 있겠는가?

7. 관계 (독백 or 상대와 연기)

Q. "목표"

1. 목표 없이는 말할 수 없고 행동할 수 없고 살아갈 수 없다. 배우에게 목표는 이루고 싶은 꿈이자 살아가야 하는 이유이다.

2. 목표 = 목적 행동과 목표 행동의 시작은 목표. 모든 행동은 목표(목적)가 있다. 행동의 이유는 목표를 만든다. 연기 반드시 답은 없지만 보편적인 룰이라는 거 숨어있다.

3. 적어도 연기하는데 필요한 요건이라는 게 있다. 그리고 맞는 연기는 없지만 좋은 연기, 공감 줄 수 있는 연기, 반드시 좋은 선택이란 존재한다.

4. 나의 목표는 무엇인가? 목표가 생기면 그 목표를 이루려고 노력하는 방법이 구체적으로 달라진다. 대사를 구체적으로 이해하기 위해선 당장 행동으로 이끌 수 있는 구체적인 목표가 필요하다.

5. 목표는 다양한 노력을 하며 목표를 이룰 수 있게 도와주므로 다양한 노력의 다양한 비트 변화 (내적 의식의 흐름에 따른 변화, 사실적인 말과 행동의 변화, 감정의 변화)를 위해 필요하다.

6. 목표를 이루는데 필요한 노력 (방법, 전술, 전략) 다 의미가 같다. 노력의 방법이 바뀌면 대사 문장마다의 노력이 바뀌므로 비트 (역할 행동의 변화, 인물이 집중하고 있는 대사의 이미지, 의식, 상황, 대상의 초점이 바뀌는 것) 또한 반드시 바뀐다는 것을 명심해라.

7. 목표는 주고받는 서로의 감정에 영향을 주는 상호적인 목표로 설정해라. 그래야 상대에게 자극받고 자극을 줄 수 있다. 그러기 위해선 반드시 구체적인 행동으로 이끄는 목표로 설정해라. 자신을 고려하고 상대와 '어떤 목적으로 싸우고 있는지'을 분명하게 인식해라.

8. 구체적이고 분명한 목표를 갖고 연기하면 생생하고 기억될 만한 연기를 할 수 있다. 행동과 말에 실천력 이 생기며 실천력과 적극성이 생기게 하기 위해서 구체적이고 분명한 목표는 중요하다.

9. 목표 달성을 위해 상대를 이기기 위해 연기해라. 당신이 원하는 것(목표)을 얻기 위해 연기해라. 이 세상 누구도 지기 위해 연기하지 않는다. 상대와 경쟁하라.

10. 배우가 진실되게 목표 달성을 위해 노력하기 위해선 자신의 감정과 육체를 움직일 수 있는 자신만의 상황과 인물, 사건으로 대체하라. 육체적으로 자극하는 목표를 설정해라. 느끼는 것만으로는 충분치 않다. 느낌을 전달해야 한다.

11. 상대가 느낄 수 있도록 연기해야 한다. 대사의 목표가 감정이 될 수 없다. 정해놓은 감정만을 연기하게 되면 목표는 사라진다. 대사마다 목표를 넣으면 연기는 디테일해진다.

Q. "목표와 변화 요인으로 연기하는 방법 제시"

"당신은 쉴 새 없이 최종 목표를 위해 쉴 새 없이 인생의 변화를 꾀하려는 사람이다." "목표를 위해 변화할 수 있는 최대한 많은 요소들을 발견하라."

목표 : 대사의 목표, 인생의 목표, 나의 목표, 상대와의 목표, 상황의 목표, 관계 형성의 목표 목표 없이는 진행이란 존재하지 않는다.

사람(들) : 목표 이루기 위해 사람을 이용하고, 사람을 만나고, 사람과 갈등을 해결하고, 어떤 사람을 만나느냐, 목표를 이루기 위해선 나는 어떤 사람이어야 하느냐 어떤 사람으로 연기할 것이냐. 변화를 시작하는 첫 단추이므로 잘 설정해야 한다.

노력:

기대감:

나를 흥분하게 만드는 것:

나를 두렵게 만드는 것:

상대를 유혹할 수 있게 만드는 것:

상대를 공격할 수 있게 만드는 것:

대사는 상황, 대사의 상황에서 나의 목표는 무엇인가?

목표는 인물의 초심, 동기, 기대감, 의지, 어떻게 말하고 행동할 것인지 전략 방법을 모색하게 만든다. 대사 전체의 목표를 보통 초목표라고도 한다.

초목표: 상황 속 인물이 가장 필요로 하고 원하는 목표 한 가지는?

세부목표 : 한 줄 한 줄 (한 줄씩이 아니어도 단락, 블록, 비트, 문단 등 이야기의 중심이 바뀌는 구간) 대사마다 (말하는 이유, 전략, 방법, 행동의 목표)

Q. "내면적 목표와 외면적 목표를 넣어라."

1. 상대방에게 행동적(육체적)으로 끌어낼 수 있는 목적. 상대방을 변화시킬 수 있는 목적.

2. 상대방에게 정신적으로 끌어낼 수 있는 목적.

3. 상대가 나에게 얼마큼 중요한 사람인가에 따라 연기가 활력이 생긴다. (절실함)

4. 나를 당장 움직이게 만들 자극적인 지금 당장 이룰 구체적인 목표를 만들

어라.

5. 목표를 설정했다면 그 목표를 만든 왜에 집중해야 한다. 그것은 동기인데 그 목표를 이룰 수 있는 긍정적 동기가 필요하다.

Q. "혼자 하는 모놀로그 연기 : 진짜 상대의 눈을 보고 연기하는가?"

1. 독백 대사 (혼자 하는 모놀로그 연기)의 경우 상대를 인식하였다고 판단할 수 있는 것은 연기하는 배우의 눈(시선)이다. 눈을 보면 배우의 눈앞에 상대가 진실로 있는가 없는가를 우리는 알 수 있다.

2. 지금 당신의 눈앞에 상대에게 느끼는 느낌, 생각, 상대를 향한 진실로 몰입된 감정과 태도가 중요하다.

3. 상대를 사랑하는가?

얼마만큼 사랑하는가?

무엇을 해주고 싶은가?

상대가 당신에게 무엇을 해주길 원하는가?

상대를 미워하는가?

얼마만큼 미워하는가?

그것은 미움을 넘어 증오인가?

어떻게 상대가 상처 입을 수 있을까 생각해보았는가?

상대를 보면 이런 질문들이 떠오르고 이런 질문에 대한 답을 할 수 있는가?

4. 이런 구체적인 생각과 구체적인 답변을 할 수 있어야 감정이 풍부해질 수 있다. 지금 눈앞에 상대를 보면 어떤 느낌, 생각이 드는가?

5. 대사를 연기할 때 상대와 나와의 관계를 설정하면 서로의 목표가 생기고

상황은 시작되는데 배우는 이제 그 상황을 경험하면 된다. 상대가 어떻게 나올지 (반응할지) 모르기 때문이다.

6. 연기를 할 때 목표가 있어야 한다는 말은 연기를 배워본 사람이라면 누구나 선생님께 들었을 것이다. 목표가 생기면 우리는 그 목표를 이루려고 할 것이다.

7. 그것이 우리의 하루하루 삶의 과정이며 연기의 과정이다. 자 주위를 둘러봐라. 사람이든 사물이든 관계를 생각하면 목표가 생길 것이다.

연기(대사) 목표 설정 방법 : 관계 / 너와 나 그리고 우리

볼펜이 보이는가 : 나는 볼펜으로 편지를 써야겠다.
엄마가 보이는가 : 엄마가 밥을 차려주도록 부탁을 해야겠다.

하고 싶은 것이 생긴다면 움직이고 싶을 것이고 말하고 싶을 것이다.

물건을 보면 무엇을 원하는가 (하고 싶은 게 무엇인가?)
사람을 보면 무엇을 원하는가 (하고 싶은 게 무엇인가?)

목표를 만들고 싶다면 관계를 설정해라. 관계를 설정하면 목표가 자연적으로 생기게 될 것이다.

그를 사랑하기 때문에 도와주고 싶다.
그를 사랑하기 때문에 방해하고 싶다.

8. 짧은 시간에 즉흥적으로 대사를 연기해야 하는 경우 관계부터 설정하는 것이 생생한 연기를 하는 데 있어 빠르게 도움을 줄 것이다.

9. 무엇을 연기할 것인가 보다 중요한 건 코딱지를 파는 연기를 해도 어떻게 연기하느냐이다.

10. 우리는 짧은 시간에 대사 전체 즉 대본을 받는 것이 아니라 특정한 부분 쪽 대사, 장면 대사를 받아서 연습해서 바로 보여줘야 하기 때문에 대사에 근거에 맞게 정확하게 관계를 설정하기 힘들 때가 있다.

11. 물론 숙달된 훈련을 통해 분석능력이 뛰어나 정확하게 관계를 설정하면 좋겠지만 그렇지 못한 경우 임의적으로 본인이 확실하게 믿을 수 있는 관계를 설정해야 할 것이다.

12. 사실 관계가 정확한지는 그리 중요하지 않다. 양심에 찔리는 건 내가 확실하게 설정을 했냐 안했냐만 있을 뿐이다. 보이는 연기과정 그 자체를 더 중요하게 생각하기 때문이다.

날 끌어당기는
상대를 끌어당겨야만 하는
상대를 밀어내야만 하는 역동적인 관계를 설정해라.

Q. "관계는?"

상대에게 흥분되는 요소 (내가 사랑하는 그는 내가 원하는 것을 갖고 있다.) 상대에게 두려운 요소를 찾으면 다이내믹한 관계를 설정할 수 있다. (그는 원수인 나에게 그것을 절대 주지 않을 것이다.)

1. 대사에 관계를 증명할 근거 (대사)가 나와있지 않다면 본인이 믿고 연기할 수 있는 구체적인 관계를 설정해라.

2. 관계를 설정한 후 반드시 지금 내가 상대에게 원하는 것이 무엇인지를 명확하게 설정한 후 그것을 얻으려고 상황에 들어가 봐라. 얻기 위해 발버둥(다양한 노력) 쳐봐라!

'다양하고 복잡해 보이기만 한 그들의 숨겨진 진심을 발견하는 순간 하나가 되기도 한다.'

3. 극작가는 인물의 복잡한 감정을 적어놓지 않았다. 우린 목표를 이루기 위해 노력하면서 겪어 느끼게 되는 복잡한 감정들을 연기할 필요가 있다. 하나의 감정만을 연기한다면 인물의 겉모습을 쉽게 판단하고 연기해서일 것이다. 무미건조한 단조로운 연기를 심사위원에게 보여줄 것인가?

Q. "나는 진짜 어떤 인간인가?"

1. 연기를 하기에 앞서 나는 진짜 어떤 인간인가? 에 주목하고 본능에 충실하여 역할을 준비해야 할 필요가 있다.

2. 일상과 마찬가지로 사회에서 인정받기 위해 그들이 원하는 모습으로 살아가려고 노력하기 때문에 '나'조차도 스스로 내가 어떤 인간인지 돌아보지 못한다.

3. 그 누구의 영향도 받지 않는 자유로운 '나'로서 스스로를 돌아봐야 할 것이다.

Q. "나는 왜 매력 없는 인간인가?"

1. 일상에서 타인 한 명만 내 앞에 있어도 내 본모습을 숨기기 마련인데 대사에서는 상대와의 연기가 주를 이룬다.

2. 상대와 주고받는 대사 내용에만 빠져 대사 전달만 하게 되고 '나'라는 역할

은 매력적으로 보여주지 못하게 된다.

3. 결국 자신이 (역할) 누군지, 어떤 인간인지 모르고 연기하기 때문이다.

Q. "내가 누군지 주관적인 생각부터 시작해라."

1. 역할 즉 나를 분석하기에 앞서 나는 자유롭게 생각과 감정을 느낄 수 있는 한 명의 '개인'일뿐이다라는 생각을 가져라. 적어도 내 생각이 내 감정이 남에게 피해를 주지 않는 선에서는 나는 자유롭다.

2. 그러므로 연기는 내가 맡은 역할의 생각과 감정만을 생각한다면 그 누구보다 자유롭게 연기로 반응할 수 있다.

3. 하지만 삶과 마찬가지로 연기는 혼자만 등장하지 않는다. 나는 상대를 만나 수많은 갈등을 만나고 그 갈등을 극복하는 과정을 연기해야 한다.

4. 생각과 감정은 다시 두 분류로 나뉜다. 나 자신만을 생각했을 때와 상대를 만났을 때다.

5. 개인이 자유롭게 가질 수 있는 욕망에 집중해라. 내가 혼자라면 내가 느끼는 생각과 감정들을 자유롭게 분출할 수 있을 것이다. 혼잣말로 그 사람을 욕할 수도 있고 짜증도 내고 화가 나 소리 지를 수도 있을 것이고 슬픔이 멈출 때까지 하염없이 울 수도 있을 것이다. 그 이유는 그 누구의 영향도 받지 않고 혼자이기 때문에 자유롭게 반응할 수 있는 것이다.

6. 대사에서 만약 상대가 등장하지 않는 상황이라면 난 어떤 생각과 감정을 얼마큼 다양하게 가질 수 있는지 발견해보라. 최대한 많이 다양하게 발견해낼수록 그 역할과 나는 가까워진다. 그것은 욕도 좋고 비인간적인 생각들도 좋다. 역할의 내면 깊숙이 파고 들어가면 들어갈수록 일반적이지 않은 생각과 감정, 행동을 체험하면 체험할수록 혼연일체가 되는 순간들을 느낄 수 있을

것이다.

7. '나'의 깊숙한 욕망을 발견해라. 그래야 역할의 피부속으로 들어갈 수 있다.

Q. "연기 화만 내는 이유?"

1. 상대와 나의 목적을 신중하게 생각해보지 않고 '나'만 생각하기 때문에 지나치게 자유롭고 지나치게 감정적인 것이다.

2. 화만 내는 것이 정말 당신의 목적을 이루는데 효과적인지 생각해보라!

Q. "관계에 대해 얼마큼 아는가?"

1. 우리는 누군가를 만나기 전에, 누군가와 중요한 이야기를 하기 전에 목적에 맞는 생각과 계획을 갖고 상대를 마주한다.

2. 당신은 지금 연기를 시작하려고 하는가? 어떤 생각과 계획을 갖고 연기를 시작하려고 하는가? 당신은 자신(역할)과 상대역, 내가 처한 상황에 대한 정보를 얼마큼 구체적으로 섭렵하고 연기에 임하는가? 나와 상대 그리고 내가 처한 상황에 대해 아는 만큼, 상황을 구체적으로 다양하게 겪어본 만큼 사실적인 연기는 나온다. 아는 만큼은 정보력에 해당된다. 경험에서 우러나오는 것은 전술(계획)에 해당된다.

Q. "본능적으로 움직이고 싶다면? 관계를 구체적으로 설정해라."

1. 본능적으로 움직이고 싶다면? 관계를 구체적으로 설정해라.

2. 눈앞에 상대를 보고 있는가? 본능적으로 연기를 하는 배우는 한계가 있다. 구체적으로 아는 것이 없기 때문이다. 철저한 준비와 치밀한 계획이 없기 때

문이다.

3. 우리 대부분은 본능적으로 움직이지 않아 고민에 빠진다. 배우가 최우선적으로 해야 할 것은 상대방과 어떤 관계인지 물어보는 것이다.

4. 본능이 깨워지는건 관계에 대한 구체적인 정보를 얼마큼 갖고 있느냐가 관건이다.

Q. "관계만 떠올려도 구체적인 감정을 느낄 수 있어야 한다."

1. 구체적인 감정은 구체적인 관계 설정에서 생겨난다.

2. 지금 처음 보는 상대가 아닌

3. 나에게 관심 없는 상대가 아닌

4. 이전부터 구체적인 스토리를 갖고 있는 함께 겪었던 내 마음속에 살아있는 밀접한 관계로 설정해라.

Q. "상대에게 지나치게 관심을 가질 수 있는 관계 설정을 하라."

1. 특정한 사실만 안다고 연기에 담아낼 수 있는 것이 아니다. 배우라면 사실에서 더 나아가 감정의 영역으로 넘어가야 한다.

2. 어머니와 아들, 친구, 애인, 선생님과 제자 같은 단순한 사실에 안주하지 마라. 사랑하는가 미워하는가 증오하는가

3. 그렇다면 얼마큼 도와주고 싶은가?

4. 아니면 방해하고 싶은가?

5. 그에게 원하는 것은 무엇인가?

6. 그가 당신에게 무엇을 주길 원하는가?

7. 구체적인 관계를 창조하고 관계에 대한 구체적인 사실을 알게 되면 상대 캐릭터에 대한 감정을 탐구할 수가 있다.

Q. "상대와 연기할 때 구체적인 감정을 연기에 적용해라?"

1. 우리는 누구나 타인을 관심 있게 바라보면 감정이라는 것이 생긴다. 상대를 바라보면 무의식적으로 올라오는 감정을 연기에 적용해라.

2. 나와는 다른 상대의 입장에서 생각해보면 느낄 수 있는 감정이다. 상대를 공감할 수도 있고 오히려 더 갈등이 심해질 수도 있다.

3. 상대를 바라보면 내가 원하는 상대의 모습으로 바꾸고 싶은 욕구에서 감정은 생겨난다.

4. 상대를 바라보면 상대가 말하고 있지 않아도 상대의 말이 들리고 그 말에서 감정이 생겨난다. 그 말은 상대와 함께 겪은 지나간 시간들 속에서 생겨난 말이다. 또는 상대가 당장 나에게 하고 싶은 말을 내가 유추할 수도 있다.

5. 상대를 바라보면 내가 당장 하고 싶은 말들 속에서 감정은 생겨난다.

6. 상대를 바라보면 상대에게 어떤 행동을 하고 싶은가? 하고 싶은 행동만 떠올려도 감정은 생겨난다.

Q. "상대방이 민감하게 반응하길 간절히 원해라!"

1. 상대가 반응하길 원하는 간절한 마음가짐부터 - 가슴 (심장)으로 가져보기

2. 상대가 반응하길 원하는 간절한 마음가짐 - 눈빛으로 먼저 상대에게 보내 보기

3. 상대가 반응하길 원하는 간절한 마음가짐 - 대사 (말)에 담아보기

4. 상대가 반응하길 원하는 간절한 마음가짐 - 자세, 태도, 행동(제스처, 몸 짓)에 담아보기

Q. "상대와 연기하는 법"

1. 연기는 혼자가 아닌 상대와의 의사소통 즉 대화다. 자신이 누군가와 대화 하는 모습을 떠올려봐라.

2. 내 연기의 변화는 상대의 반응에 달려있다고 생각하고 연기하라.

3. 상대방 또한 내 반응에 따라 변화하게 되어있음을 기억하고 연기하라.

4. 우선 자신에 대해 생각하지 말고 상대방에게 집중하고 상대방에 대해 최대 한 많은 것을 알아내라.

5. 자신의 내면이 아닌 외부에 시선(의식)을 향하게 하라.

6. 배우들은 역할 상호 간에 민감해야 한다.

7. 배우들은 역할 상호 간에 다양한 전술을 구사할 수 있어야 한다.

8. 배우들은 역할 상호 간에 관계를 변화시키거나 개선할 수 있어야 한다.

9. 상대에게 눈빛을 보내면 나에게 투영, 인지 되는 것은 무엇인가?

10. 상대에게 말을 하면 나에게 투영, 인지 되는 것은 무엇인가?

11. 상대에게 행동을 하면 나에게 투영, 인지 되는 것은 무엇인가?

12. 대사의 사실을 떠나 내 사적인 감정의 영역으로 깊이 파고들어야 한다.

13. 가장 즉각적으로 감정 이입할 수 있는 방법(내적 생각들)을 궁리해라.

14. (중요) 다양한 갈등을 내포할 수 있는 내적 의식들을 설정해서 연기에 담아라. 그것을 서브텍스트로 대사로 만들어 에쮸드로 연기할 수 있어야 한다.

15. 항상 사랑과 긍정을 불어넣어 감정을 더욱 풍부하게 만드는 연기와 다양한 갈등을 내포할 수 있도록 가치관의 대립으로 연기하라.

16. 단순한 정의가 아닌 인간관계의 복잡 미묘하며 예측할 수 없는 것으로 사고를 확장하는 방법은 사랑이다. 사랑에 대한 욕망은 인간을 인간답게 하는 원동력이다. 사랑을 받고 싶건 주고 싶건 사랑은 필요하다 동시에 이뤄질 수도 있다.

17. 배우는 사랑이 예고 없이 찾아온다는 것을 알아야 한다. 우리의 느낌은 지금도 변화하고 있다.

18. 자신이 우러러보는 것 자신이 정의 내려하면 할수록 더욱더 다양한 방식으로 의식과 느낌은 다가온다는 것을 알아야만 한다.

19. 연기에 몰입할 수 있는 정보들로 충만한 다양한 감정상태를 지니고 언제든 느끼고 싶을 때 즉각적으로 느낄 수 있어야 할 것이다.

20. 좋은 연기는 완벽한 몰입에서 나온다. 서로 필요와 사랑으로 얽힌 관계를 제대로 보여줘야 관객을 끌어당길 수 있다.

21. 내가 얻어야 하는 건 이 대사 그대로를 말하는 게 아니라 내가 스스로 생각하고 느낄 수 있는 인물의 영혼에 접속하는 일이다.

22. 이 장면 속에서 극의 결말의 감정을 연기하지. 마라.

23. 상대 캐릭터에 대해 내가 어떤 감정을 느끼는지 스스로에게 질문해볼 필요가 있다.

24. 여기서 우리가 중요하게 생각해야 하는 건 캐릭터가 느낄 것 같은 감정이 아니라 지금 내가 느낄 감정이다. 이 부분 때문에 보통 연기가 뻔한 연기 / 바꾸고 싶은데 바뀌지 않는 것이다.

25. 이런 것들이 가장 중요한 질문인데 이런 질문에 답할 수 있어야 감정이 풍부한 연기가 가능해진다. 이것이 배우의 목표이다. 이런 내적 의식들의 내용이 풍부해야 한다.

26. 상대를 바라보거나 상대에 대한 생각을 할 때 떠오르는 과거, 현재 드는 생각이나 하고 싶은 말과 행동 느낌, 미래에 대한 기대, 생각, 행동 말들 이것이 무엇이냐에 따라서 얼마큼 몰입할 수 있는지 달라진다. 완전히 몰입하고 싶다면 내 마음이 움직이는 내용들을 설정해야 한다. 그것을 연기에 담아낼 수 있어야 한다.

27. 당신이 설정한 이런 내적 생각들이 맞는지 틀리는지 중요하지 않다.

28. 중요한 것은 당신이 감정에 얼마나 몰입하고 있느냐. 연기에 얼마큼 매력적으로 담아냈느냐가 중요하다.

29. 과거의 정보보다 중요한 건 지금이다. 바로 지금 느낌이 어떤지 지금의 느낌을 연기에 담아낼 수 있는지가 관건이다.

30. 관계속에서 당신이 원하는 가장 큰 꿈을 생각해라. 그것이 관계속에서 당신이 원하는 것이다. 그 모든 간절함을 품고있다가 불꽃을 붙여라. 꿈을 실현하기 위해서 싸워라.

8. 충동 [숙련된 즉흥]

Q. "즉흥적으로 연기해라?"

1. 형식에 얽매이지 않는 즉흥성 이야말로 배우 아니 진정한 인간의
모습이다.

2. 허망한 미래만을 기다리며 더 늦추어 더 편안하게 살려고만 하는 게으른
존재가 아닌 현실을 직시하고 희망찬 미래를 만들기 위해 발버둥 치는 인간의
모습을 보여줘라.

3. 현재 바로 오늘과 지금이 순간에 최선을 다하는 인물로 연기해라.

4. 역할의 변화만이 즉흥력을 만든다.

5. 역할은 곧 내가 연기하는 것이니 역할의 변화는 내가 만드는 것이다.

6. 당신의 즉흥력만이 당신을 합격시킬 것이다.

Q. "무의식으로 연기하라?"

1. 테크닉(기술, 전략)은 이미 내재되어있다.

2. 아무것도 모르는 것처럼 무의식으로 연기하라.

3. 처음인 것처럼 대사를 몰랐던 것처럼 내뱉게 될 다음 대사도 지금 충동적
으로 생각난 것처럼 대사의 신맛, 쓴맛을 지금 먹어보고 느끼는 것처럼. 지금
맛보고 말해라.

4. 무의식 상태 대사에 집중하며 말하는 게 아닌 대사는 말로써 무의식적으로
나와야 한다.

5. 행동도 마찬가지다. 숙달된 훈련 숙련을 통해 기술적인 부분들은 자연스럽
게 나오며 고민하고 선택해서 행동해야 한다.

6. 상대에게 대사를 뱉고 상대의 반응을 즉시 관찰하고 다음 내가 할 대사를 모르고 있던것처럼 상대의 반응에 반응해라.

Q. "매력적인 연기를 하는 사람은?"

1. 매력적으로 보이는 테크닉(방법)들이 많이 숙련되어 있다. 자연적으로 나올 수 있을 만큼 기술을 연마하고 어느 순간 무의식 속에서 그 기술을 자신도 모르게 사용하게 되는 모습을 발견해봐라.

2. 다시 말해 기술은 자신도 모르게 사용할 수 있을 때까지 연마하여 내재시켜야 한다.

Q. "사건은 갑자기 발생한다?"

1. "연극 드라마 영화에 많이 등장하는 갑작스러운 사건사고" 사건, 사고는 평화롭다가 예측할 수 없을 때 갑자기 터진다? 우리가 연기할 대사들은 사건사고 투성이다. 돈 때문에, 사랑 때문에, 명예 때문에, 무엇을 빼앗겼거나 무엇을 얻으려고 하거나 감정이 극도로 표출될 수밖에 없는 심한 갈등적 상황들이 대부분이다. 이런 상황들은 갑자기 일어나게 되는데 수축되는 상태(고통)를 많이 필요로 한다.

2. 슬픔과 분노(화)라는 감정이 표면적으로 많이 등장하게 되는데 수축을 활용하되 명심할 것은 갑자기 순식간에 순간적으로 수축을 해야 주먹을 불끈 쥐고 화를 내며 소리를 지르는 상태, 갑자기 가슴을 치며 눈물을 흘리며 오열하게 되는 상태 이런 감정적 상황에 진실되게 몰입될 수 있다는 것이다.

3. 우리는 갑자기 예측 불가했던 사고, 너무 갑자기라 미처 방어태세를 갖추고 있지 못했던 상태, 갑자기 전혀 몰랐던 상황을 뜻밖에 알게 되었을 때, 갑자기 억지로 이해해야 하고 억지로 받아들여야 하는 상황 속에서 감정이 격해진다.

4. 자신이 주먹을 바닥에 친다고 가정해보자. 바닥을 적당히 치기만 하면 화를 표현하게 되는 행동이라고 판단하고 아프지 않을 정도를 미리 알고 연습을 한 후 바닥에 칠 경우 화라는 감정은 진실되게 표출되지 못할 것이다. 바닥을 쳤다는 증거 제공으로 화라는 상태를 겪고 있는 인물을 상황을 이해할 수 있지만 '저건 연기가 아니라 진짜 같은데?'라는 리얼리티를 줄 수 없다. 내가 얼마큼 고통을 느낄지 예상하지 않고 계산하지 않고 '관객이 주먹에 멍들 것 같은데? 내 주먹이 다 아프네 저 정도로 아픈 것도 감수할 정도로 화가 많이 났구나 왜 화가 난거지?'라고 판단할 만큼 충동적으로 즉흥적으로 갑자기 바닥을 내리쳐야 한다. 단 처한 상황, 대사, 대사와 상황에 연관된 모든 것들에 몰입하며 말이다. 호흡을 갑자기 정돈하기 어려워진 상태, 과도한 호흡 사용, 과도한 근육의 수축 같은 신체 행동 변화를 겪어야 감정상태에 몰입될 수 있다. 결국 신체와 정신이 실제와 비슷한 고통의 형태를 감수하는 것. 결국 배우가 몸을 던져 헌신해야만 진실된 감정을 이끌어 낼 수 있다는 말이다. '화났다 화났다' 감정을 불러일으키려고 자신에게 최면 걸지 말고 상황을 순간적으로 믿고 그에 따라 변화되는 신체변화에 집중한다. 그러면서 거듭 신체변화에 최선을 다한다.

5. 예를 들면 상대를 주먹으로 얼굴을 가격하고 싶다는 목표가 생긴다고 가정하자. 그렇지만 여기는 감옥이다 나갈 수가 없다. 그래서 순간적으로 주먹에 힘이 들어가고 온몸을 호흡과 동시에 함께 순간적으로 수축시켰다가 예상할 수 없는 템포에 순간적으로 바닥을 쳐야만 한다는 것이다. 신체가 순간적으로 반응하면 상황 몰입에 많은 영향을 준다. 잊지 마라. 진실은 항상 예측 예상할 수 없는 변칙적 표현을 동반한다. 또 진실은 다양한 노력(전술)을 행하는 고통스러운 과정을 겪어야 탄생한다.

6. 관객은 예상하지 못한 순간에 배우가 다양한 노력(전술)을 행하는 고통스러운 과정을 보고 감동을 받게 되는 것이다. 여기서 고통은 지나치게 사실적으로 표현하기 위해 최선을 다해 노력하는 모습을 말하며 다양한 노력은 배우가 목표를 향해 끊임없이 노력하는 신체적 행동변화 모든 것들을 말한다. (호흡, 표정, 눈물, 자세 등의 변화를 동반한 바닥을 친다. 감옥 창살을 뜯으려 한다. 자신의 머리카락을 잡아 뜯는다. 갑자기 오열하다가 짜증 낸다. 답답해 한다. 웃기 시작한다. 등등등 물론 주어진 상황과 대사에 근거해 서서 변화해야 한다.) 필자는 감정을 표현해라 라는 말을 잘 사용하지 않는데 상황을 간

접적으로라도 경험해보지 않고 바로 자신이 예상하거나 자동적으로 저장되어 있는 감정의 형태만을 표현하려 하기 때문이다.

Q. "갑자기 연기하라."

1. 충동적으로, 순간에 반응하는 것이 진실한 연기다. 내가 변화할 행동들을 미리 예측(처음부터 끝까지 모두, 미리 작은 것 하나까지도 틀리지 않게 짜 놓은 움직임) 하지 말고 순간을 순간적으로 경험하고 연기하라.

2. 뒷 대사는 언제든 다시 떠올리면 자유롭게 내뱉을 수 있을 정도로 외우고 뒷 대사를 모르는 척 아니, 정말 모르고 지금 뱉을 대사에만 최선을 다하여 라. 그리고 뒷 대사가 나올 수밖에 없는 자극을 받은 상태가 되었을 때 뒷 대 사를 해라.

3. 감정적이거나 충동적 행동의 시작은 무조건 갑자기 순식간에 순간적으로 행하라. 행동은 언제든 변할 수 있다. 내가 연습할 때 경험해보지 못한 말의 뉘앙스, 신체의 변화가 일어날 수 있다. 그것이 진짜 순간 경험하고 있다는 증거다.

4. 충동성을 이해하면 즉흥력을 향상하는데 많은 도움이 된다. "지버 리시 연 기 훈련이 많은 도움이 된다." 의미 없는 말들로 빠르게 말하기. 갑자기 연기 하면 리얼해진다. 순간을 연기하라. 순간순간 하나씩 , 가장 중요한 순간은 지 금 이 순간, 연기할 때 처음이자 마지막 순간이라고 생각하라. 지금 이 순간 은 중요하다.

Q. "즉흥 상황 연기 어떻게 해야할까?"

1. 즉흥 연기만이 창조해낼 수 있다. 새로운 상황을 만나다. 즉흥 상황 연기. 어떻게 하면 효과적일까?

2. 오디션 현장에서 실제로 준비한 연기나 즉흥적으로 대사 말고도 즉흥 상황을 즉흥적으로 주문받는 경우가 많다. 이때 배우는 즉흥적으로 상황에 몰입하여 상황 연기를 하여야 하는데 연극영화과 지망생이 실기시험장에서 즉흥 상황을 시험 볼 때와 마찬가지로 가장 중요한 것은 지문 (부여받은 상황) 그대로의 내용을 최대한 진실되게 사소한 것까지 사실적으로 디테일하게 표현하는 것이다.

3. 당일 나눠주는 즉흥대사와 할 때와 마찬가지로 나와 상대는 누구이며 어떤 관계 어떤 사건(상황)이 벌어졌으며 어떻게 해결할 것이냐 여긴 어디이며 상황 속에서 날 힘들게 하거나 기쁘게 하는 것들은 무엇인지를 기본적으로 분석해야 한다. 상황 속에서 내가 구체적으로 원하는 것에 목표를 두고 적극적으로 이룰 수 있도록 진심으로 노력해야 한다. 제시된 즉흥 상황 지문의 모든 상황을 사실적으로 표현한 뒤 연관된 또 다른 상황을 연속적으로 이어나간다.

4. 지문 속에 등장한 상대에서 끝나는 게 아니라 또 다른 연관된 제삼자 (상대, 또는 사람들)를 만드는 것(등장시키는 것)이 효과적이다. 사건을 만들며 갈등 또는 상황을 어렵게 만들거나 (장애물) 어렵게 만든 상황을 의지를 갖고 부딪혀 극복, 이겨내는 것이 효과적이다. 이것은 연극이나 영화에 항상 불가피한 사건이 벌어지고 해결하고도 또 다른 사건(갈등의 연속)이 벌어지는 것과 마찬가지다. 자신의 상대와 사실적으로 말하는 것에 집중하는 것은 중요하다. 보통 즉흥 상황을 혼잣말로 시작해 혼잣말로 끝나는 경우가 많은데 혼잣말로 본인의 상황의 대한 정보를 다 제공하는 것은 재미가 없다.

5. 반드시 상대와 대화의 형태로 상대와 호흡 (자극과 반응, 액션 리액션을 지속적으로)하라. 즉흥 상황의 경우 즉흥대사와 달리 대사를 본인이 만들어 말해야 하므로 대사량이 적고 문장의 형태로 길게 나오기 힘들기 때문에 비언어적 신체표현이 대부분을 차지한다. 그렇기 때문에 적극적인 표정과 행동에 최대한 최선을 다해 집중해 리얼하게 표현하는 것이 효과적이다. 교수님(심사위원)들이 주목할 수 있고 지루하지 않게 상황은 재미와 긴장감, 긴박감을 조성하는 것이 효과적이다. 사실적으로 심리적 상태를 자세 또는 신체적으로 표현하는 것에 더욱 집중해야 효과적이다. 걷고 뛰고 넘어지고 활력적인 동선과 공간을 넓게 사용하며 적극적으로 작은 표현도 디테일되게 표현한다.

6. 상황은 반드시 의지 있게 포기하지 말고 갈등을 회피하는 형태로 무마시키기보다는 긍정적으로 극복하는 것을 보여주어야 한다. 말은 강조하기 위한 말이 아닌 경우 두 번 이상 연속적으로 반복하지 않되 상대에게 지나치게 짜증, 화만 내는 것 또한 반복하지 말아야 보는 이로하여 금 재미와 감동을 줄 수 있다. 은어, 유행어, 줄임말 등 또한 사용하지 않으며 상대를 대할 때 공손하거나 예의 있고 긍정 희망 의지력 있는 생각과 가치관을 보여주어야 한다. 이것은 평상시 학생(배우)의 인성을 평가하기도 한다.

7. 피할 수 없으면 즐겨라. 맞서라. 진심으로 보려고 하는 자는 자신이 원하는 그 이상이 보일 것이고 진심으로 행하려 하는 자는 반드시 공감과 감동을 넘어 상황을 실제상황처럼 연기하게 될 것이다. 보이지 않는 것에 대한 자신의 상황에 믿음을 가져야 한다. 믿음이 없인 가상의 상황, 시공간을 자유롭게 넘나 들 수 없다. 반드시 합격할 것만 생각하고 긍정의 힘으로 승리하라.

9. 역할 창조

Q. "역할 선택"

1. 역할선택은 내가 생각하는 나와 / 사람들이 생각하는 나. 연기할 때의 나를 본 사람들이 생각하는 나 밀접한 관계를 갖고 있다.

2. 또한 자신과 자신의 연기를 분석하는 과정이야 말로 지루한 연기를 예방할 수 있는 유일한 방법이다.

3. 아래 질문에 답해보고 토의해보며 그 이유는? 에 집중해보며 그 이유? 가 당신의 이미지(결과)를 만들어내는 근본적인 문제점(과정)이 되므로

4. 내가 그렇게 보이는 그 이유? <- 를 바꿔보아라.

5. 그런 이미지를 만들어내는 행동을 바꾸기 위해 생각, 가치관을 바꾸고 행동을 바꿔야만 이미지가 바뀔 것이다. 현재 자신이 어떤 이미지인지를 알아야 한다.

6. 자신이 냉정하게 생각하는 '나'는 어떤 사람인가? 그 이유는? 구체적으로 첫인상 이미지를 냉정하게 분석한다.

7. 평소에 나를 알았다면 다양한 대사의 연기를 할 때 대사와 인물이 처한 상황, 인물의 정보에 관계없이 바로 만들어내는 인물이 있진 않은가? (연기할 때마다 나오는 똑같은 인물)

8. 어떤 캐릭터(역할)가 적합할지 분석한다. 왜 그 캐릭터가 당신에게 적합하다고 생각하는가? 그 이유는?

9. 자신이 가장 잘 표현해낼 수 있는 생각, 감정, 화법, 행동을 내포하고 있는 인물(역할)을 선정하는 것이 좋다. 나와 비슷한 부분 / 나와 정반대인 부분을 꼼꼼히 분석한다.

10. 사람들이 보는 당신은 어떤 사람인가? 그 이유는?

11. 얘기 몇 마디 나눠보지 않은 사람들의 '당신의 첫인상'은? 그 이유는?

12. 역할(인물)의 대사를 보자마자 느끼게 된 '당신의 첫인상'은? 그 이유는?

13. 역할(인물)의 대사를 꼼꼼히 세밀하게 분석해도 그 '첫인상'은 변함이 없는가?

14. 만약 변했다면 그 이유는?

15. 자신을 잘 아는 사람들의 현재 당신의 이미지는 무엇인가?

16. 자신을 잘 아는 사람들이 생각하는 나의 이미지를 바꾸기 위한 방법은 무엇인가?

Q. "나와 역할의 공통점과 차이점 그 이유 알기"

1.. 여러 가지 다른 느낌 (캐릭터) 들의 대사들을 연기해본다.

2. 연기를 해보며 내가 누구인지 분석하는 과정을 검토한다.

3. 희로애락의 감정중 유독 표현이 잘 안 되는 감정이 있다면? 이유?

4. 당신이 표현하기 어려운 것들 이해하기 싫거나 공감하기 싫은 것들 또는 과거 트라우마 [우리의 감정을 지배하는 기억 '트라우마']를 이야기 (자신에게 어떤 자극적인 사건과 트라우마 상처가 있었는지 과거를 회상해보고 현재

어떤 고민과 어려움에 처해있는지 생각해본다.)

5. 희로애락의 감정중 유독 표현이 잘 되는 감정이 있다면? 이유? (자신에게 가장 행복했던 사건이 무엇이었고 자신을 편안하게 만드는 것들이 무엇인지 생각해본다.)

6. 희로애락이라는 감정을 표현하는 기술적인 방법은 어떤 것들이 있는가? (감정을 본능적으로 끌어내려고 하기보다 외면적으로 방법과 그 형태를 행동하여 보며 자신의 내면에 집중해 본다.)

7. 반복적으로 표현하는 성격(특징)이 있는가? 그 이유는?

8. 내가 보여주지 못한 인물의 특성은 무엇이 있는가?

9. 연기를 하면서 공감이 잘되고 표현이 잘되었다고 생각한 역할 그 이유는?

10. 연기를 하면서 공감이 잘 안되고 표현이 어려웠다고 생각한 역할 그 이유는?

11. 당신의 연기를 본 사람들이 말하는 당신에게 어울리는 역할 그 이유는?

12. 당신에게 어울리지 않는 역할 그 이유는?

13. 당신이 습관적으로 사용하는 표현방식?

14. 반복적인 행동 동사는?

15. 반복적인 감정표현방식은?

16. 반복적인 표정은?

17. 그 이유는?

18. 당신의 연기를 어떤 느낌이라고 정의한다면?

19. 밝은 느낌? 밝다고 생각하고 연기를 처음부터 끝까지 밝음에 초점을 맞춰 연기하지 않았는가?

20. 당신의 연기를 색깔로 표현한다면? (자신의 연기 과정을 분석하는 방법)

Q. "일관된 연기를 방지하는 방법"

 배우의 임무는 등장인물의 피부 속으로 기어들어가서 살아있는 인물을 창조하기 위해 등장인물의 사고와 감정을 자기 것으로 만드는 것
- 쉬엡킨

1. 한 가지 색깔로 정의 내릴 수밖에 없다면 그 이유는 무엇인가?

2. 어떤 음성과 행동들이 그 색깔을 만드는가?

3. 당신 연기에서 보인 크고 작은 신체표 현등을 생각해서 표현해봐라. (카메라 영상 모니터링)

4. 연기할 때 그 행동들은 무엇에 이끌려 어쩔 수 없이 나왔는가?

5. 연기할 때 내적인 것에 충동을 느껴 행동한 것이 아니라 그 대사를 할 때 반드시 그 행동을 해야만 한다고 생각해서 하진 않았는가?

6. 다시 할 때 또 그 동작이 의미 없이 반복되지는 않는가?

10. 자유연기

Q. "자유연기/지정작/지정대사/즉흥대사/즉흥상황이란?"

1. 스스로 자유롭게 작품 속 대사(장면)를 선정해 연기를 준비해 가는 것을 말한다.

2. 연극영화과 실기시험과 배우 오디션 현장에서 필수적으로 필요한 것이 자유연기이다.

3. 자유연기를 어떻게 하느냐에 따라 합격여부가 달라진다고 해도 과언이 아니다.

4. 자유연기 장면을 스스로 만들어내고 잘 연기해내는 것이 진짜 자신의 연기력이다.

4. 보통 연기학원에서는 자유작품이라고들 흔히 말한다.

5. 연극영화과 학교에서 미리 작품을 지정해주는 것을 지정 작품, 지정작이라고 한다. 지정된 작품 중에 골라야 한다.

6. 또한 특정 대사를 지정해주거나 지정한 대사를 시험 당일 나눠주고 연습해서 즉흥적으로 연기하는 지정대사라고 하며 당일 랜덤으로 즉흥적으로 연기하라는 즉흥대사, 당일 대사. 대사가 아닌 상황만을 주고 연기해보라는 즉흥 상황 등이 있다.

Q. "자유연기 같은 대사여도 다르게 보이는 이유는?"

1. 자유연기는 똑같은 작품, 대사여도 연기하는 사람마다 다르다?

2. 내가 대사 할 역할(인물)과 역할의 상황(대사)을 상대가 없이 혼자 연기

(모놀로그 형식) 해 보여줘야 하므로 어떻게 연기하느냐에 따라 그 역할(인물)과 대사(상황)의 모습은 천차만별이다.

3. 어떻게 시작할 것이냐?

4. 어떤 행동을 할 것이냐?

5. 어떤 뉘앙스로 어떻게 화술(말하기) 전략을 펼칠 것이냐?

6. 어떤 감정, 어떤 메시지를 줄 것이냐?

7. 어떤 부분(처한 상황에 임하는 인물의 태도, 갈등을 극복하는 인물의 과정 등)을 중심적으로 보여줄 것이냐? 등등

8. 연기하는 사람의 생각과 분석 즉 해석 차이. 자신의 생각을 연기(대사)에 어떻게 담느냐에 따라 다름

9. 역할(인물)이 처한 상황 속에서 중요하게 생각하는 우선순위, 가치관 등이 다르기 때문이다.

Q. "자유연기 인물(역할) 만드는 방법?"

1. 작가 분석

2. 작품을 꼼꼼하게 읽고 작품을 전체적으로 분석한 후

3. 하고 싶은 장면,대사 선정

4. 대사의 막 또는 장면 분석

5. 장면(대사)의 문단별 분석 (문단 -> 문장 -> 단어 (인간은 모르는 단어, 경험해보지 못한 단어는 절대 사용하지 않는다. 그 단어를 사용하게 된 이유, 그 단어의 사용 의미 파악)

6. 위 과정대로 차근차근 세밀하게 분석하며 인물 (역할) 분석

7. 인물 분석을 토대로 행동에 접근해본다. (인물의 뼈대를 만든다고 생각하면 된다.)

8. 대사를 쉽게 뱉지 않는 것이 좋다. 대사의 선입견 또는 언어에만(대사로만 전달하려는) 모든 게 집중된 연기 형태를 방지한다.

예) 아프다고 소리는 잘 내는데 몸과 자세는 편안하고 여유가 넘쳐 보인다. 언행불일치 X : 자신에게 진실하지 못하면 관객 또한 거짓말로 생각할 수밖에 없다.

10. 상황 속의 행동. 상황을 진실로 받아들이는지 확인

11. 예: 뜨거운 불에 손을 넣어야 하는 상황 연기 중 연기가 가짜인지 진짜인지 (몰입의 여부) 구분 가능해야 함.

12. 진실된 내면(생각과 의도, 감정, 의지, 믿음, 목표 등)을 만드는데 총력을 다한다.

13. 이때 말은 구두언어(말, 대사가 아닌) 몸에서 나오는 신호(신음, 리듬, 소리, 고통의 으아! 등과 같은)와 같은 아, 음, 어, 하, 허 등 알아듣지 못하는 말로 뱉으면서 하면 효과적이다.

14. 대사 (말)이 아니어도 상황을 구체적으로 연기하고 전달 가능할 때 (비언어 만으로 연기 가능할 때) 대사를 조심스럽게 얹어본다.

15. 절대 최종 장면이 만들어질 때까지 계속 인물의 새로움(내면, 외면)을 발견해나간다는 생각으로 임해야 한다. 쉽게 대사의 행동, 뉘앙스 또는 감정은 정해놓지 않는다.

16. 인간은 절대 감정을 정해놓고 정해진 감정을 표현하려 기계처럼 행동하지 않는다.

17. 어떤 감정이 나올지 모른다는 생각으로 상황에 몰입해 하나씩 경험하려 해야 한다.

18. 행동의 결과보다 행동이 나오는 과정에 집중해야 한다.

19. 사물, 주변 환경, 그 외 모든 것을 대하는 삶의 태도로 인물의 성격이 반영된다?

20. 연기할 때 사물을 만지는 행위(손동작의 모습 느낌), 제스처를 구사하는 방식이 축적된 나의 연기력으로 만들어진 것인지 인물(역할)이 그 순간에 정말 필요로 하는 것인지를 파악할 줄 알아야 한다.

Q. "역할로 변신하는 방법 (역할 창조 : 역할(인물)의 행동양식)?"

1. 연기는 다른 누군가가 아니라 나 자신이라고 생각하라. 역할을 '그'라고 말하는 순간 나는 역할과 하나가 될수 없다.

2. 나와 역할과의 차이점을 공통점으로 만드는 능력이야 말로 역할과 혼연일체 될 수 있는 능력이다.

3. 나와 내 역할의 공통점 뿐만 아니라 상대역과 내가 연기하는 역할의 공통점도 많이 발견할수록 연기할거리는 많아 진다.

4. 내 역할과 상대 역을 평범하게 바라보지 않고 특별하게 바라볼수록 연기할거리는 많아진다. 특별하게 상상해라.

Q. "역할마다 소리(말하는 방식)가 다를 수 있고 행동이 다를 수 있어야 한다면 어떻게 인물을 만들어 내나요?"

1. 인물 분석표 항목 또는 아래 행동(항목)들을 포함하여 상황을 만들어 본다.

2. 단 나 자신, 평상시 내 모습이 절대 나오면 안 되고 인물로서 변신했다고, 변신하려 노력한다고 생각(상상)하고 해야 한다.

예) 햄릿

3. 나와 햄릿은 양치질하는 모습, 물 마시는 모습, 안녕하세요라고 인사하는 모습부터 철저하게 다르다고 생각해야 한다.

4. 114 안내원과 나의 안녕하십니까는 뉘앙스 자체가 다르다.

5. 나 자신을 햄릿이라고 생각한다.

6. 순식간에 신들린 것처럼 햄릿의 영혼이 나에게 들어왔다고 생각하고 손가락 하나, 걸음걸이, 표정 눈빛부터 바뀐다고 생각하며 나 (햄릿)은 아래의 항목들을 어떻게 받아들이며 행동하는지를 영상으로 찍어 모니터링해보며 인물의 행동양식(태도, 자세, 제스처, 비언어, 음색, 뉘앙스, 에너지 크기, 감정의

깊이 등)을·찾아간다.

7. 인물에 관련된 사소하고도 인물과 전혀 어울리지 않는, 인간이 할 수 있는 것들을 추가해나갈수록 좋다.

8. 마치 전혀 이해가지 않는 음악 또는 나와 전혀 어울리지 않는 음악 (예: 사극 속 국악음악, 무서운 음악 등)을 듣고 자신이 처한 상황이라고 생각하며 움직여보며 음악과 나 자신을 일치시키는 몰입의 과정과 흡사하다.

Q. "훔칠 수 있다면 싹 다 훔쳐라?"

1. 모방해라. 단 다시 창조해라. 종이에 누워있는 대사를 내가 처해있는 상황으로 일으켜 세워라! 당신은 책 읽기를 싫어하는가? '원래 읽는 것보다 보는 것을 더 좋아했어. 누군가의 만들어진 연기를 따라 하면 안 되나? 이런 말을 하고 있지는 않은가?' '창조'란 고통스럽지만 즐거운 것이다. 모방은 창조의 시작이다. 당신의 연기가 딱딱하기만 하고 지루하고 심각하고 맥 빠지 기만한다면?

2. 영화배우 마이클 케인의 말처럼 훔칠 수 있다면 싹 다 훔쳐라. 그들의 방대하고 다양한 역할의 데이터를 축적하는 것만으로도 당신이 역할을 새롭게 창조하는데 도움은 될 것이다. 하나 그 배우가 왜 그렇게 표현했는지 거꾸로 생각해.내고 내가 다시 새롭게 창조해내야만 한다.

3. '모방은 창조의 어머니'시지만 우리는 늙어가시는 어머니를 위해 어머니를 부양할 수 있는 능력 있고 멋진 창조라는 아들이 되어야만 한다. 모방은 창조의 시작일수 있으나 언제까지 그들의 것들을 몰래 훔치고 흉내내기만 할 것인가? 결국 당신이 그들의 연기를 훔치지 않기 위해선 첫 대사부터 본인의 모든 것들을 쏟아내 한줄한줄 인물의 말들과 상황을 다시 '분석'해야만 비로소 스스로 역할을 창조할 수 있을 것이다.

4. 나는 다시 한번 강조하고 싶다. 역할 창조의 시작은 분석이다. 당신은 작가도 되어야 하고 카메라도 되어야 하고 연출가도 되어야 할 것이다. 당신은 작가와 카메라 감독 연출가의 지식과 마인드가 함께 공존해야만 자유롭게 역할을 창조해낼 수 있을 것이다. 배우는 항상 이제껏 누구도 보여주지 못했던 새로운 역할을 창조해내야 한다. 그렇지 않으면 당신을 캐스팅하지 않을 것이다.

Q. "역할로서의 변신, 상황 몰입(신체변화, 호흡 변화, 생각 변화)을 위한 노력은 무엇인가?"

1. 보통 연기의 문제점은 자신으로서 시작하고 자신으로 보여주려 하는 것이 사실적이고 자연스럽다고 생각하고 연기를 하는 것에서 비롯된다.

2. 자신의 모습을 보여주려고 하지 않아야 상황과 인물(역할 변신)에 몰입될 수 있다.

3. 나로서 연기하게 되면 현재의 신체적 템포, 현재의 감정만으로 연기하려 하기 때문이다. 자신이 지금 당장 강력계 형사가 된다고 생각해봐라.

4. 신체의 모든 부분, 생각, 눈빛까지 순간적으로 바꾸고 싶지 않은가? 그렇게 막상 모든 부분이 떠오르지 않지만 인물로서 행동한다고 깊숙이 몰입하면서 인물의 심리, 자세, 행동 등을 끊임없이 연구하며 인물이 되어야 한다.

Q. "자신이 처한 상황에 따른 호흡의 변화를 느껴야 한다."

1. 불이 난 상황 속의 호흡은 현재와는 다를 것이다.

2. 꼭 극적인 상황이 아니어도 책을 읽을 때의 호흡과 밥을 먹을 때의 호흡 처음 만나는 상대와 대화를 해야 할 때의 호흡 친한 사람과의 대화를 할 때

호흡, 사랑하는 사람과 이별을 할 때 호흡은 다 다를 것이다.

3. 연기를 시작하기 전에 호흡부터 변화되는 것을 느껴봐라. 신체, 호흡, 생각 무엇이 먼저인지는 상관이 없다.

4. 변화될 수밖에 없다는 것을 인지하고 반드시 실천해야만 그 순간으로 당신을 데려다줄 것이다. 생각이 변화하면 화법 또한 그 순간에 맞는 화법으로 자동적으로 변화될 것이다.

5. 말 또한 어떤 방식이든 할 수 있다고 생각하고 말하라. 신체의 모든 감각을 활용할 수 있다는 생각으로 어떤 만행동이든 할 수 있다는 생각으로 어떤 변화든 변화를 받아들일 릴랙스 한 상태를 만들고 생각하고 행동하고 말한다.

6. 변화를 두려워하거나 변화를 즐기지 못하면 당신은 가짜로 연기해야 할 것이다. 삶은 변화의 연속이다.

Q. "역할의 욕구는 무엇인가?"

1. 개인의 욕구에 따라 대사의 표현은 달라진다. 배우라면 매슬로우의 인간 욕구 5단계 이론을 이해할 필요가 있다.

"사람은 가장 기초적인 욕구인 [생리적 욕구]를 맨 먼저 채우려 하며, 이 욕구가 어느 정도 만족되면 안전해지려는 욕구를, [안전 욕구]가 어느 정도 만족되면 [사랑과 소속 욕구]를, 그리고 더 나아가 [존경 욕구]와 마지막 욕구인 [자아실현 욕구]를 차례대로 만족하려 한다는 것이다. 즉, 사람은 5가지 욕구를 만족하려 하되 우선순위에 있어서 가장 기초적인 욕구부터 차례로 만족하려 한다는 것이다.'

인용 [네이버 지식백과] 인간의 가장 본능적인 욕구는 무엇일까? - 매슬로우의 인간 욕구 5단계 이론 (시장의 흐름이 보이는 경제 법칙 101, 2011. 2. 28., 김민주)

2. 자신의 역할을 분석할 때 위 5가지 욕구를 토대로 충족하지 못하는 욕구가

있는지 분석해야 할 것이다.

3. 역할의 감정은 역할이 처한 상황과 역할의 대사의 내용에 따라 만족되는 욕구와 만족되지 못하는 욕구에 따라 어느 부분에선 긍정적이고 어느 부분에서는 부정적일 수 있다.

Q. "역할로 변신할 수 있는 연기(인물) 요소 체험하기"

: 자신의 연기 장면에 아래 요소들을 녹여라!

1. 인물의 취미

2. 인물의 종교

3. 인물이 두려워하는 것

4. 인물의 지적 수준

5. 인물의 충동적인 말과 행동

6. 인물의 화, 슬픔, 기쁨, 미친 듯이 소리 지르고, 미친 듯이 울고, 미친 듯이 기뻐하는 모습

7. 인물의 미소

8. 인물의 불쌍함

9. 인물의 아이같이 순수한 모습

10. 인물의 평상시 버릇

11. 인물의 특징적인 표정

12. 인물의 현재 삶의 목표

13. 인물이 미친 듯이 웃고 미친 듯이 소리 지르는 모습

14. 인물이 깜짝 놀라는 모습

15. 인물이 말을 빠르게 하는 것 느리게 하는 것

16. 인물이 의자에 앉을 때 평범하지 않은 모습

17. 인물이 뛰는 모습

18. 인물이 엎드리는 모습

19. 인물이 걷고 물 마시는 모습

20. 인물이 걸음걸이만으로도 인물을 보여줄 수 있는 모습

21. 인물의 직업적 자세, 제스처

22. 인물이 구르거나 눕는 모습

(1) **책 읽기** : 소리 내어 읽기와 속으로 읽기 / 타인이 읽을 때 자신과의 틀린 점 찾기

(2) **맞춰 읽기** : 내용 분석 / 사투리, 매너리즘, 아티큘레이션 (음절의 명확) 반성 / 음색, 음량의 연구 / 역의 인물과 자기 화술과의 일치성 / 상대역과의 호흡 검토 / 앙상블 조정 / 연출자의 희망 , 요구 확인

(3) **보통 연습의 전기** : 장치 , 조명, 효과의 이미지 파악/ 장면 이미지 파악 / 무대 구도의 인식 / 대도구의 위치 파악 / 제스처 창조 / 표정의 창조 / 분장과 소품의 연구/ 상대역과의 교류 / 연출자와의 해석의 차이 해결

(4) **보통 연습의 후기** : 미완성의 극복/ 대사의 맛, 뉘앙스 / 제스처의 세련도 / 역과 일치된 자신 / 자신과 무대 전체와의 조화 / 경우에 따라서 약동하는 자신 표현 하기 / 분위기 조성 / 복잡성에서 단순화된 표현에의 성장 / 타인의 평가 수용

(5) **무대 연습** : 장치, 조명, 효과, 소품과의 연관성 / 의상 분장의 차례 연구 / 첫 공연과 같은 자신 있는 자기표현

11. 절제와 감정 [이성과 감성]

Q. "그렇게 쉽게 해결될 거였으면 이렇게 긴 대사를 말하지도 않았을 것이다?"

1. 인물은 첫 대사에 자신의 결말의 의도(본론)를 모두 담아내 말하지 않는다.

2. 이것은 인물이 처한 상황 속에서 이루고자 하는 목표의식이 뚜렷하기 때문에 굉장히 신중하다.

3. 우리 누구나 자신이 원하는 목적이 생기면 그 목적을 효과적으로 이루기 위해서 단번에 그 결론을 말하지 않는다.

4. 우리는 그렇게 바보가 아니다. 참을 수 있을 만큼 참고 (절제) 터질 수밖에 없을 때 분출해라. (충동 본능)

5. 우리는 쉽게 화내지 않으며 쉽게 슬픔을 보이려 하지 않는다. 참으면 참을 수록 더 진실된 모습에 가까워진다 "

Q. "감정적 상황에서 벗어나라?"

1. 대사를 읽고 느낀 감정을 연기하려고 하지 마라.

2. 대사에는 감정뿐만이 아니라 의도가 있다. 그것이 서브텍스트인데 감정은 숨길 수도 있고 당신이 느끼는 그런 감정이 아닐 수도 있다.

3. 첫 시작부터 감정적이지 말 것. 우리는 상대에게 감정을 쉽게 보여주길 원하지 않는다.

4. 우리 모두 개개인은 자신이 가장 우월한 존재라고 생각하기 때문이다. 또

한 감정을 느끼면 누구든 나쁜 감정에서 벗어나려고 할 것이고 그 감정을 환기(극복)시키기 위해 노력할 것이다.

5. 참을 수 있을 만큼 참아라. 당신이 대사를 보고 느끼는 감정이 아닌 대사 속 인물의 진짜 모습 그리고 당신이 생각하는 선입견이 아닌 다른 방식으로 대사에서 겉으로 느껴지는 감정 말고 인물이 그 말을 할 수밖에 없는 또는 그 말을 이용할 수밖에 없었던 진짜 인물의 의도를 전달하려고 노력하는 것이 정답이다.

6. 감정을 끌고 다니지 말 것. 우리는 자극적인 것을 좋아하기 때문에 대사를 보면 가장 자극적인 가장 감정적인 부분을 찾으려고 애쓴다. 그렇게 되면 당신은 그 감정만 연기하려고 애를 쓸 것이다.

7. 연기는 감정을 연기하는 것이 아니라 상황 속의 인물의 변화되는 모습을 연기하여야 한다.

8. 당신이 감정을 끌고 다니는 또 다른 이유는 그 감정에 취해있는 게 연기를 잘한다고 착각하고 있기 때문이다.

Q. "감정"

1. 대사의 상황 안으로 들어가라.

2. 우리는 상황을 만들고 그 상황 안에 들어가 그 순간 진짜 살아야 한다. (지금 경험해보는 것이다.)

3. 살아있는 말에는 감정이 있다. 말에 내용만 전달된다면 인간은 상처를 받지도 매력에 빠지지도 않을 것이다.

4. 그만큼 감정의 사용은 그 사람이 원치 않는 결과를 초래할 수 있다. 감정은 자기도 모르게 말속에 담겨 나온다. 감정을 남발하지 마라.

5. 말에 쉽게 화를 담지 마라. 말에 쉽게 심각성을 넣지 마라.

6. 소중한 게 많으면 그것이 어디 소중한 것이겠느냐 흔한 것이지...!

7. 배우에게 감정은 관객을 사로잡는 유일한 무기이며 연기를 이루는 요건 중 가장 소중한 것이다.

8. 그저 상황을 겪으려고 해 봐라. 상황을 겪으려면 해야 될 것들을 해야 한다. (행동의 발견)

9. 무엇을 할 것인가? 내 눈앞엔 상대가 있다.

10. 상대와의 관계를 생각하지 않을 수 없을 것이다. 상황(대사)의 시작은 관계가 만들어준다.

11. 까먹지 마라. 연기할 때 관계를 생각하지 않고 상대와 무엇을 할 수 있을지 생각하지 않고 대사에 배우 자신이 느껴지는 감정만을 보여주려 한다. 그러니 슬픈 상황으로 끝날수밖에...

12. 대사에 감정을 넣어 그 감정만을 연기하려 하지 말라고 나는 여러 번 강조했다.

13. 내가 웃는다고 관객 역시 웃을 것이라고 판단하지 마라.

14. 내가 오열한다고 관객 역시 함께 울어줄 것이라고 착각하지 마라.

15. 관객은 배우의 상황을 보고 자신의 상황 인지 판단에 따라 그 모습을 자유롭게 배우의 모습과는 다른 감정을 느낄 수 있다.

16. 배우 연기의 감정이란 관객이 자신의 입장에서 생각하고 판단하고 공감하며 자연스럽게 어떤 감정을 느끼는 관객의 어떤 하나의 몫일뿐이다.

17. 이 책에서 대사의 선입견 또는 감정적 연기에 대해 반복적으로 설명하고 있다.

18. 대사의 상황을 정신과 신체로 동시에 경험하는 것이 아닌 대사에서 자신만이 느껴지는 특정 감정을 대사에다 부분적으로 억지로 구겨 넣어 연기하지 마라.

19. 단어들의 조합이 결국 말을 이룬다. 단어는 인물이 원하면 언제든 형상화시킬 수 있는 인물만의 오감의 형태가 압축되어 있으며 오감을 활용해 압축된 단어를 풀면 인물과 연관 있는 내포되어있는 상황을 눈앞에 펼쳐준다.

20. 그러니 단어들의 의미와 그 단어를 사용하게 된 인물의 의도를 무시한 채 단어에 역할과 나를 구분시켜 제삼자로써 느껴지는 감정이라는 색깔을 함부로 칠하지 마라.

21. 수박이라는 과일이 대사라고 예를 들어보자.

22. 역할이 사용한 수박이라는 단어가 갖고 있는 의미와 상황. 비유와 은유적 형태로 수박을 활용한 가능성을 떠나 대사에서 자신이 슬픔이라는 감정이 느껴진다고 해서 슬프다는 포괄적, 추상적인 감정만을 억지로 대사에 색칠한다고 가정하면 그냥 단순히 슬픈 수박 또는 눈물을 흘리며 먹는 수박이 될 것이다.

23. 수박은 그냥 슬플 때 내가 먹고 있던 익숙하며 존재감 없는 소품이 되어

버리고 만다.

24. 내가 수박을 대사로 말하는 것은 단순히 슬픔이 아닌 인물이 수박이라는 단어를 활용하여 수박이 가진 역할만의 의미로써 수박을 말하므로해서 정보제공을 하고 상황을 상대에게 구체적으로 전달하고 싶어서이다.

25. 자신이 원하는 목적을 이루기 위해 수박이라는 말을 꺼낸 이유를 인물은 반드시 갖고 있다.

26. 대사는 상황. 그 상황을 관객이 전달받았을 때 각자 자신들이 느껴지는 감정은 제각기 다르다는 것이다.

27, 감정을 불러일으키기 위해 단순히 나는 슬프다 슬프다 최면을 걸지 마라.

28. 대사의 상황을 머리로 이해하고 가슴으로 연기하라. 연기를 하며 끊임없는 사고와 끊임없는 신체적 움직임은 당신을 대사의 상황으로 자연스럽게 몰입시켜 줄 것이다.

29. 언제나 대사 전체(한 가지 감정에 빠져)를 연기해서는 안 된다. 결과는 지루함뿐이다.

30. 흔히 연기를 처음 시작하는 사람들이 느끼고 말하는 "감정몰입이 요즘 잘 안돼서 오늘은 연기가 안 된다.

31. 오늘은 감정몰입이 잘되네?!" 하는 말들은 사실상 잘못 이해하고 하는 말들이다.

32. 당신이 감정 하나에 빠져 하루를 감정적으로 낭비하지 않듯, 연기자 또한 감정을 연기하지 않고 상황을 경험하며 갈등을 해결하는 목표를 안고 순간을

자신이 선택하는 최고의 전술로 행위한다.

33. 그러므로 연기자는 대사 속 상황의 자극에 따른 심리적 변화에 맞는 신체적 행동을 하며 순간적으로 느끼는 감정들이 외적으로 자연스럽게 보이게 되는데 관객은 이것을 '감정'으로 보는 것이 아니라 감각으로 느끼게 된다.

34. 감정을 잘 보여준다(예 : 막연히 눈물을 흘리면서 오열한다. 눈물 흘리는 가슴 뜨거운 연기를 잘한다?)고 해서 누구나 동감하는 것은 아니다.

35. 상황 속의 연기자 스스로 변화되고 있는 행동(예: 표정, 호흡, 손떨림, 억양, 심리적 자세 = 포괄적으로 눈에 보이지 않는 정서 정신적 교감을 통해)들을 즉, 사람이 목표를 이루기 위해 최선을 다해 노력하는 과정을 보며 연기가 아닌 사실임을 인지하게 되어 신뢰를 갖고 감각을 열게 되고 그리하여 관객들은 느끼고 동감하고 감동할 뿐이다.

36. 배우는 단지 역할이 처한 상황을 잘 전달하는 매개체일 뿐 매개체의 역할 그 이상 그 이하도 아닐 뿐이다. [감정]을 말하지는 않는다. "감정을 먼저 전달하려 하지 마라 - 문제 해결보다는 흥분하고만 있는 인물로만 보인다." 자신이 가장 진실하게 느끼는 특정한 하나의 감정만 보여주게 된다.

Q. "하이라이트 (highlight)는 필수?"

1. 인물의 심장 아픔 중심 내면 인물의 진심 진실 본론 : 역할의 내면을 전달 못하는 이유가 된다.

2. 독백 연기 심장(하이라이트)은 뛴다. 독백 연기 심장을 찾아라.

3. 어떤 장면을 연기하든 하이라이트(명장면,중요한 장면)라고 생각하고 연기해라.

4. 대사의 하이라이트 기승전결 d-day 핵심 목표 아픔 고통 속에서 진심은 나온다.

5. 인간은 고통스러운 인간의 모습을 봐야 진심을 느낀다.

Q. "감정의 종류"

1. 자부심/자긍심

2. 모멸/경멸/멸시 감

3. 도취감/엑스터시

4. 질투심

5. 공포심/두려움/공황(패닉)

6. 괴로움

7. 즐거움 ex) 사디즘, 마조히즘

8. 무덤덤함

9. 서운함/애석함

10. 허영심

11. 오만/교만심

12. 사악함-친절함

13. 호기심/궁금함

14. 아쉬움/미련

15. 다행 감 : 지나친 행복감. 아무렇지도 않은 일에 유별나게 좋아하는 감정

16. 기대심리

17. 절망감

18. 패배감

19. 우월감

20. 열등감

21. 추종 심리 : 자기보다 낫다고 생각하는 대상을 맹목적으로 존경하거나 따르는 심리

22. 권태/싫증

23. 짜증

24. 이타심 - 이기심

25. 무관심

26. 수치심/부끄러움/자괴감

27. 죄책감/양심의 가책

28. 슬픔/비통함/애절함

29. 의협심

30. 측은지심/동정심/가련함/연민

31. 보은/감사의 마음

32. 의존심/의타심

33. 아양/아부심

34. 비겁함/비굴함

35. 자기 비하/자학 심리

36. 탐심

37. 포용심/관용/너그러움/도량 넓음

38. 존경심

39. 파괴 심리/해코지/헤살 놓는 심리

40. 자신감

41. 초연함

42. 분노

43. 도의심/책임감/부채 감정

44. 후회감

45. 걱정 근심 - 무사태평

46. 각종 망상 : 추적 망상,

도청 망상, 피살 망상, 스토커 망상......

47. 신뢰감 - 불신감

48. 곤혹감

49. 심술

어떤 인물이든 어떤 상황이든 구분 없이 자신의 늘 잘 표현하는 웃음과 울음으로 연기하고 있지 않은가? 다양한 웃음과 울음을 훈련하고 각 인물과 상황에 맞게 다르게 표현되어야 할 것이다.

Q. "그냥 웃는 경우 많다. 가식이지 않는가?"

웃는다라는 미소 소리 내 웃기가 포함되는 연기 또한 자신의 미소, 단순 소리 내 웃기로 그 부분을 채웠는지 파악해라. 거짓말은 바로 들통난다.

Q. "웃음과 울음(笑泣:소읍)의 종류"

假笑(가소) :거짓 웃음, 또는 꾸밈 웃음.

苦笑(고소) :쓴웃음, 또는 달갑지 않은 웃음.

巧笑(교소) :애교 있고 요염한 웃음

冷笑(냉소) :상대방을 깔보며 쌀쌀하게 웃는 웃음

微笑(미소) :소리 내지 않고 빙긋이 웃는 웃음.

失笑(실소) :참아야 할 자리에서 툭 터져 나오는 웃음.

嘲笑(조소) :조롱하는 태도로 웃는 웃음.

嗤笑(치소) :빈정 거리며 웃는 웃음.

爆笑(폭소) :폭발하듯 갑자기 웃는 웃음.

喜笑(희소) :기뻐서 웃는 웃음.

哄笑(홍소) :큰 소리를 내며 웃는 웃음.

感泣(감읍) :몹시 감격하여 우는 울음.

哭泣(곡읍) :통곡하여 우는 울음.

悲泣(비읍) :슬피 우는 울음.

哀泣(애읍) :애처롭게 슬피 우는 울음.

怨泣(원읍) :남을 원망하며 우는 울음

啼泣(제읍) :소리 높이어 우는 울음

涕泣(체읍) :눈물을 흘리며 우는 울음.

號泣(호읍) :목놓아 소리 내어 우는 울음.

호탕한 웃음 :덩치 큰 사람이 기분이 좋아 마음 놓고 웃는 모습.

감동의 웃음 :감동적인 순간을 만나거나 보았을 때 눈물과 소리 없이 웃는 모습.

함박웃음 :통쾌한 장면을 보고 크게 웃는 모습.

조용한 웃음 :종교적인 성인의 웃음.

자지러진 웃음 :때굴때굴 구르면서 어쩔 줄 몰라하며 웃는 모습.

얌전한 웃음 :새색시가 조용히 손으로 입을 가리고 웃는 모습.

흐뭇한 웃음 :아들, 딸들이 자랑스럽거나 바라던 일을 해 냈을 때 웃는 모습.

소탈한 웃음 :만족감에서 나오는 웃음.

평온하고 온화한 미소 :어린아이의 모습과 잠든 사람의 소리 없는 미소.

비웃음 :상황이 앞뒤가 맞지 않을 때 웃는 모습.

쓴웃음 :두고 보자는 복수 김이 불탈 때 웃는 웃음

허탈한 웃음 :기대심이 컸던 것이 일순간 무너졌을 때 웃는 웃음.

공포 웃음 :무서움에 떨면서 눈이 크고 손을 저으며 웃는 웃음.

비장의 웃음 :죽음에 임할 때도 굽힘이 없이 오직 결심한 대로 이야기하며 웃는 웃음.

놀란 웃음 :죽었던 사람이 살아 돌아왔을 때, 생각지도 않은 상황이 벌어졌을 때 웃는 웃음.

기분 나쁜 웃음 :소름 끼치듯이 웃는 웃음.

억지웃음 :웃음의 여건이 아닌데 강제로 웃으라는 명령에 의해 웃는 웃음.

실없는 웃음 :웃을만한 여건이 아닌데도 시도 때도 없이 웃는 웃음.

정치적 웃음 :인위적 목적을 띤 웃음.

12. 행동

Q. "걸음걸이, 행동 어색한 이유?"

1. 걸음걸이가 어색하다는 것은 역할로서 인물의 상황에 빠져 움직여보지 않았다는 것으로 평가된다.

2. (에쮸드, 비즈니스, 블로킹 전반) 단순하다. 인물로서 상황에 몰입해 연습해보지 않았다는 것.

3. 최대한 역할인척 걸어봐라. 믿음이 중요하다.

Q. "연기할 때 당신만의 특별한 활동을 해라."

1. 무엇을 하고 왔으며 무엇을 할 것이며 무엇을 해야만 하는가? 무엇을 의 영향을 받게 되어있다.

2. 그 순간에 할 [활동/비즈니스]이 필요하다. 그 활동을 지금은 못하더라도 영향은 받으니 생각해라.

3. "어떻게 움직일 것인가?" 인간은 한순간도 가만있지 않는다.

4. 가만히 멈춰 있는것도 행동이다.

5. 예) 눈 깜박임, 호흡, 손가락, 팔, 다리, 입, 혀 등 수많은 신체기관들이 내적 의식에 흐름에 따라 반응한다.

6. 이처럼 연기할 때 자연스럽게 연기하기 위해선 배우 자신 역할을 연기하는데 있어서 집중할 수 있는 자신만의 특별한 활동이 필요하다.

7. 손톱을 물어뜯고 있다거나 소품에 집중을 하고 있다거나 커피를 마시고 있다거나 이야기를 하면서 동시에 하고 있는 인물의 활동[행위]은 배우가 상황에 집중하고 감각들이 사실로 받아 들 일수 있는 중요한 역할을 한다.

8. "당신은 지금 이 글을 읽으며 어떻게 움직이고 있는가?

9. 행동은 실천이다. "아직도 고민만 하고 실천하지 못하는가?" "원래 나는 그런 성격이라고 부정만 할 것인가?"

10. "시작이 반이다"

11. 실천 (모르지만 시작하는 행동)

12. 실패 (다시 한번 연습하는 행동)

13. 고민 (생각하는 행동)

14 수정 (좋은 방향으로 고쳐나가는 행동)

15. 행동 (실전 연기)

16. 무조건 행동. 실천은 행동이다. 감정이라는 늪에만 빠져있지 않은가? 행동을 하다 보니 수많은 감정들이 변칙적으로 터져 나오고 언제 이 감정들이 사라졌는지조차 모르고 또다시 행동... 이것이 당신과 나의 인생이다...

17. 일단 해봐! 결국 언젠간 해야 돼... 연기는 목적을 위한 행동 ACTING! 실천! "목적이 생기면 행동하게 되어있고, 행동하면 행동을 하게 된 목적의식이

뚜렷해진다."

18. 이 책을 읽기 시작했다는 것부터 배우라는 목표를 이루기 위한 노력은 이미 시작된 것이다.

19. 연기하기로 다짐했다면 일단 시작해라. 어렵고 복잡하다고 느껴 시작 자체를 못하고 있다면 어떤 방식으로든 바로 시작(실천)을 해보라고 권유하고 싶다.

20. 하루라도 빨리 시작한다면 무엇이든 더 빨리 더 많이 얻을 수 있을 것이다. 실천이 모든 문제의 해결 과정이다. 행동(실천)하고 고민하고 개선은 다시 행동(실천)으로 하라. 지금! 당장! 즉시! 행동하라! ACTING!

21. 연기할 때 신체 각 부분을 얼마큼 사용하는가? 얼마나 많은 행동에 대하여 터득하고 있고 실천할 수 있는가? 자신이 처한 상황일 때 인물의 행동은 변화한다.

Q. "연기 자유롭게 하되 대사에 반드시 근거해라 / 프레임안(대사의 상황)에서만 자유롭게 놀아라."

1. 상황에 처한 인물의 중심. 그 상황에서 크게 벗어날 수 없는 즉 대사의 쓰여있는 말에 근거한 상황(대사와 연관 있는 상황) 속에서만 자유로울 수 있다.

2. 대사의 공간이 법정인데 힙합댄스를 추지는 못할 것이다.

3. 독백 연기 (혼자 하는 모놀로그 연기) 대사에 쓰여있는 말에 근거한 상황 속에서 얼마든지 상상의 나래를 펼칠 수 있지만 그 상상(생각)과 표현(연기)은 다시 쓰여있는 대사와 개연성을 갖고 있어야 당신의 연기가 정당화될 것이

다. "네게 능력 주시는 자 안에서 모든 걸 이룰지어다."라는 성경말씀과 같다.

Q. "연기 고민하고 좋은 선택으로 행동하라."

1. 당신은 어떤 선택을 할 것인가? 우리의 삶은 항상 선택의 귀로에서 갈등한다. 양날의 검과 같은 우리의 인생은 두 가지 갈림길 또는 그 이상의 갈림길에 서서 한 가지 선택을 하지 않으면 안 되는 상황이 찾아온다.

2. 우리가 후회 없는 하나의 선택을 하기 위해 고민하듯 극 중 인물도 최종 행동을 하기 전에 처한 상황 속에서 자신이 할 수 있는 다양한 여러 행동들 중에 어떤 행동을 최종적으로 선택할지 고민하게 된다.

3. 우리는 진실한 연기를 하기 위해 예견된 반응이 아닌 예측 불허한 충동적 반응을 끌어내야 하는데 이때 우리는 본능적으로 느껴지는 감각을 최대한 활용하여 찰나의 순간에 고민과 판단을 하고 '최종 행동 선택'이라는 결정을 하게 된다.

Q. "행동들은 어떻게 만들어지는가?"

1. 뇌의 명령신호와 같은 행동 동사. 목표를 이룰 수 있는 최선의 방법을 고민한다. 방법의 종류가 많을수록 내가 선택할 수 있는 폭이 넓어진다.

2. 그 방법들은 '~ 하는 방법.'으로 끝나서는 안되며 반드시 "나는 지금 ~ 하길 원한다! 나는 지금 ~ 해야만 해!" 이렇게 동사의 형태로 설정하여야 지금 당장 내가 움직일 수 있다.

3. 그것은 바로 행동 동사다. 행동 동사가 작은 행동들을 만든다. '어떻게 행동해야 자신의 목표 달성에 효과적일까?' 고민하고 판단한다는 것. 좋은 선택

을 하는 좋은 배우가 있다.

4. 좋은 배우는 연기할 때 반드시 극 중 인물로서 상대의 대사를 경청하며 고민하며 판단한다. 또 결과적으로 좋은 행동을 선택한다.

5. 당신은 어떤 선택을 할 것인가? 당신은 몇 가지 중에 고민하는가?

Q. "연기 고민과 판단의 시간을 가져라."

1. 행동을 선택해야 하는 고민과 판단의 시간. 예를 들면 학원에 안 가고 집에 늦게 들어온 아이를 어떻게 혼낼까 고민하는 부모님의 상황과 같다고 할 수 있다.

2. 일단 부모님과 자식 간의 갈등은 벌어졌고 부모님에겐 수많은 자극들이 오감을 자극시킬 것이다.

3. 부모님은 아이의 과거 현재 그리고 일어나지 않은 미래를 상상할 것이고 아이가 집에 들어왔을 때를 미리 시뮬레이션해보며 효과적인 행동을 준비하게 된다.

4. 이때가 바로 고민과 판단의 시간들이다. 물론 아이를 만났을 때 미리 준비하고 계획한 대로 실행될 수 없을 수도 있다.

5. 이것이 연기와 마찬가지다. 아이를 만나고 아이를 빤히 보며 그 순간에 고민하는 것이 오히려 사실적인 연기로 보일 것이다. 어찌 됐건 리얼함을 느끼는 그 순간의 자극과 반응은 그 순간에만 충동적으로 느낄 수 있다.

6. 연기는 ~ ing 현재 진행형이다. 연기 또한 1초 전의 상황으로 돌아갈 수 없는 것 또한 현실과 같다. 시간이 지나면 그 충동은 더 이상 충동이 아닌 기

억이 되고 익숙한 감각으로 남아 연습했던 것으로 끝나고 만다.

Q. "행동의 가짓수를 넓혀라."

1. 선택할 수 있는 행동 동사의 가짓수가 많은 배우일수록 다양한 선택들을 하며 더욱 생동감 넘치는 말 그대로 사실과 같은 연기를 할 수 있을 것이다.

2. 다양한 행동 동사를 습득하지 않은 배우는 밥과 김치만 먹는 것과 같은 형태로 무미건조한 표정과 일관된 말과 행동의 연속일 것이다.

3. 본인의 연기가 지루하다면 본인 연기의 행동 동사가 몇 가지로 압축될 수 있는지 확인해봐라.

4. 비트 (행동이 바뀌는 단락)가 바뀌는 걸 인식하려면 행동을 이끄는 동사(상황)을 알고 있어야 한다.

5. 대사를 연기할 때 행동 동사를 다양하게 활용하여 연기할 줄 아는가? 행동동사-> 다양한 행동표현의 가짓수를 넓혀라.

Q. "마임은 리얼리티를 떨어뜨린다."

1. 독백 연기할 때 마임적 행위는 반드시 연기해야 하는 핵심적인 역할을 하는 사물을 활용할 때 빼고는 삼간다.

2. 희곡 속의 지문, 결정적인 역할을 하는 물건을 집거나 내미는 경우를 말한다.

3. 내가 혼자 마임으로 아무리 포도를 먹어도 그것이 포도인지 떡인지 우리는

분간할 수 없다.

4. 또한 아무리 잘해도 마임을 잘하네 말고는 배우의 의도에 집중하지 않는다.

5. 리얼리티를 주는데 거슬리는 마임은 삼가라. 오디션 나에게 주어진 시간은 짧다. 짧은 시간 그 마임에 할애하는 시간을 다른 것으로 더 소중하게 써라.

Q. "온몸, 마음을 전부 열고 전부 사용할 수 있다고 인식해라."

1. 온몸 손 릴랙스 하여 사용할 것을 인식해라.

2. 어떻게 움직여야 할지 두렵다면 인물의 움직임이 아니다.

3. 억압이 보인다. 자유롭게 쓸 수 있다고 생각해야 굳이 움직이지 않아도 자연스럽다.

Q. "행동동사와 행동목표?"

'잔인무도한 히틀러도 사랑은 했었다...' 역할 창조가 어려울 땐 아래 행동동사를 대사마다 부분적으로 무조건 대입해서 연기해봐라.

1. 단순한 행동 목표의 견본 목록

나는 당신이 웃기를 원합니다.
나는 당신이 울기를 원합니다.
나는 당신이 나를 안아 주기를 원합니다.
나는 당신이 나를 돌봐 주기를 원합니다.
나는 당신이 내게 시중 들어주기를 원합니다.

나는 당신이 내게 미안함을 느끼기를 원합니다.

나는 당신이 내 앞에서 무릎을 꿇기를 원합니다.

나는 당신이 나를 때리기를 원합니다.

나는 당신이 방에서 나가기를 원합니다.

나는 당신이 내게 키스하기를(나와 성관계를 갖기를) 원합니다.

나는 당신이 나와 함께 놀기를 원합니다.

당신이 나에 관해 얼마나 알고 있는지 생각해 보세요

당신이 진실을 말하고 있는지 행각해 보세요.

2. 행동 동사 소목록

(행동 동사를 강화시켜주는 서브텍스트와 함께)

명령하다 ························· "나는 그렇게 할 것을 명령해."

설득하다 ························· "나는 네가 ····해야 한다고 생각해."

납득시키다 ······················ "이런 식으로 생각해 봅시다······."

격려하다 ·········· "나는 네가 그 일을 할 수 있다는 것을 알아 "

고무하다 ························ "모두들 저지선으로."

"나에게는 꿈이 있어요."

허세를 부리다················여러분이 진정으로 자신 있어하는 것.

불평하다 ························ "그것은 불공평해."

간청하다 ························ "제발 나를 도와주세요."

아양을 떨다······················ "에어, 당신····."

살살 다루어 어떤 행동을 하게 하다 ·· "정말 그렇게 하고 싶은 마음이
없으세요····?"

아첨하다/애교를 떨다 ·············· "당신은 멋져."

찬사를 늘어놓다········ "당신이라면 ······을 아주 잘할 텐데."

위로하다 ········ "모든 게 잘될 거야. 전혀 걱정할 필요가 없어."

시시덕거리다 ····················· "난 네가 너무 귀여워."

희롱하다 ························· "이리로 와 내 옆에 앉아요."

유혹하다 ························· "난 당신이 너무 마음에 들어요."

혹하게 만들다···················· "조금만 기다렸다 보세요······."

부추기다 ························· "······할 남자다운 용기가

네게 있니?"

"과연 네가 ······할 수 있을지 두고 보겠어." "넌 틀림없이 못해."

비난하다 ···· "넌 나를 속였어." "난 네가 그 짓을 하는 것을 봤어."

적발하다 ························· "난 네 속셈을 알아."

"난 네 마음을 꿰뚫고 있어."

도발하다, 자극하다 ················ "싸워볼래?"

경고하다 ························· "난 너에게 경고하겠어."

벌주다 ··························· "당신은 나쁜 사람이야."

"난 당신에게 질렸어."

조롱하다 ························· 옷차림 따위를 놀리다.

비아냥거리다 ···· "너는 아무 짝에도 쓸모없는 놈이야."

앙심을 갖다······················ "넌 내게 상처를 주었어."

"난 네가 고통받기를 원해."

자세히 바라보다·················· 주름을 셀 것.

의상 및 상대배우의 세세한 점들을 살필 것.

남의 일에 쓸데없이 간섭하다···· 여러분과 상관없는 일에 대해 질문을 던질
것.

특히, 돈, 섹스 등에 관해.

몰래 뒤를 밟다 ··················· "난 너를 지켜보고 있어."

13. 비언어와 제스쳐

Q. "행동 표현 제스처의 기능"

1. 제스처는 불쾌함 분노를 표현할 수 있다.

2. 걸음걸이는 계급과 성격을 표현할 수 있다.

3. 불쌍한 상황일 때 몸을 구부리거나 양손을 비비는 자세로 연기할 수 있다.

4. 오만한 인물일 때 코를 치켜든 자세로 연기할 수 있다.

5. 이처럼 각 신체는 말(음성)을 대신할 수 있다. 상황에 처하면 인물은 목표를 위해 신체가 먼저 반응한다. 그것이 행동변화다.

6. 관객에게 음성뿐만 아니라 행동으로 이해와 공감 감동을 끌어낸다. 행동을 변화시키기 위해선 행동의 사용방법을 알아야 한다.

말과 마찬가지로 행동이 표출되는

7. 행동의 방향

8. 행동의 높이

9. 행동의 넓이

10. 행동의 깊이

11. 행동의 크기 또는 힘의 세기

12. 행동의 속도

13. 형태 (모양)으로써 말(음성)을 대신할 수 있으며 말(음성)과 함께 더욱 생동감 넘치는 설득력을 갖게 된다. 즉 사실적 연기를 할 수 있다.

14. 상황을 경험하는 과정 속에서 생기는 신체변화들을 자연스럽게 느껴봐라. "작은 신체변화들의 노력들이 모여 큰 변화 (인물의 모습으로의 변신)를 이루어 준다."

15. 실제 우리는 무의식적으로 무수한 신체부위들의 변화로 감정이라는 것을 자동적으로 반사적으로 만들어 내고 있다는 것이다. 무의식을 의식으로 깨우는 훈련을 하고 연기할 때는 다시 무의식으로 돌아가 사실적으로 순간을 연기하라.

Q. "대사가 아닌 인물의 내재된 생각을 연기해라!"

1. 무엇이든 인물에 관해서 대사에 관해서 중얼중얼해봐라. 그것이 지금 당신의 생각이다. 당신의 생각의 흐름이다. 대사 표현은 관객과 함께 경험할 수 있도록 정보를 제공하는 것이다.

2. 누군가가 당신에게 말하면 단순히 말의 내용만 듣지 않는다. 일단 진실과 거짓을 먼저 구분한다. 한마디 한마디 들을 때마다 내 나름대로 그 한마디 한마디에 연상되는 상황들을 떠올리며 그 사람의 한마디 한마디를 마지 퍼즐 맞추듯 맞춰 나간다. 이것이 이해다.

3. '소리'라고만 생각하고 맞춰보자. "짝짝짝 짝짝! 대~ 한!"까지 들렸다. 당신은 맞추려고 할 것이다. 이러한 과정과 당신이 대사를 연기했을 때 관객이 듣고 보는 과정은 같다. 결국 문제를 맞히려 하며 그 상황에 들어가(상상) 듣게 되고 볼 것이다. 일부러 경험하려 하지 않아도 자연스럽게 경험했을 것이다. 이것이 이해다. 이해했다면 경험했다는 것이다.

4. 결국 말로 그 사람의 겪은 상황을 들으며 함께 경험한다. 또 그 사람의 말(소리)의 형태, 표정과 행동, 신체적 상태를 동시에 보고 파악하고 그 사람의 상황과 말의 목적(이유)을 인지 한다. 그러므로 대사는 들려준다고 말하지 않는다. 대사는 표현(행동)한다 라고 말한다.

5. 다시 거꾸로 크게 말(소리)의 형태, 표정과 행동, 신체적 상태를 보여줘야 한다는 것. 보여준다는 것은 표현이라고 다시 말하고 싶다.

6. 결국 대사도 행동. 행동(대사)은 목적과 목적을 이루는 과정이 있어야 한다는 것이다. 그래야 관객은 그 과정을 겪으며 이해하고 공감하고 감동한다.

"맨 먼저 나오는 건 말이 아니라 몸짓이라 나는 확신한다. 몸짓은 모든 사람이 알아본다. 이외에는 아무것도 필요하지 않다. 그 어떤 말도 필요하지 않다." - 발레리나 마야 플리세츠카야

몸짓은 신체의 움직임이 아니라 영혼의 움직임이다. - 표도르 찰리아핀

Q. "아래는 비언어, 몸의 언어, 각 신체 부분들로 표현할 수 있는 연기(행동) 예이다. 이완훈련을 할 때와 자신의 대사를 연기할 때 참고하길 바란다."

자신의 원하는 목표에 맞게 각 신체 부분마다 원래의 형태가 변형될 수 있는 정도로 움직일 수 있다.

연기할 때 스스로가 사실적 순간. 이 대사가 진실이라고 받아들이지 않으면 당연한 신체 반응은 함께 움직여주질 않는다. 그러니 다시 각 신체부위의 감각을 깨워야 한다.

표현력이 없는 친구들은 각 신체부위의 근육들로 표현하는 방법들이 몇 가지

안 되기 때문일 것이다.

Q. 신체 부위의 방향, 양(힘의 크기), 속도, 모양에 따라 사람은 그 모습의 의미를 다르게 해석한다.

<눈> <눈썹>

: 시선 즉 쳐다보는 방향

1. 눈앞에 보이는 자극적인 대상 사람 또는 사물을 쳐다본다.

2. 자신이 떠올리고 집중하고 있는 이미지, 상황, 생각의 흐름의 방향에 따라 눈의 방향이 따라간다.

  예) 자신의 냉장고 안에 무엇이 어떻게 배치되어있는지 상상해보며 눈의 방향으로 따라가 봐라.

3. 말하며 내 이야기를 듣는 사람들을 번갈아 가며 쳐다볼 수 있다.

  예) 그녀에게 말하다가 그녀 옆 테이블에 앉아있는 사람이 혹시 내 얘기를 듣고 있지는 않나 확인하기 위해 그녀와 옆에 앉은 사람을 번갈아 가며 쳐다볼 수 있다.

4. 말하다가 시선을 특정한 곳에 멈추어 자신의 상상의 흐름에 따라 시선을 따라갈 수 있다.

  예) 그녀에게 말하다가 그녀의 셔츠에 묻은 고추장을 보며 고추장에 시선을 멈추고 상상을 하며 그 상상 속에 보이는 대상에 따라 눈의 시선이 바뀔 수 있다.

5. 자신의 현재 상태를 눈빛으로 말한다.

– 한 곳을 응시하는 시간이 길다.

예) 말 시키지 마 난 이 상황에서 벗어 나오기 힘들어!

– 눈동자 동공의 확대, 축소 또는 눈을 크게 부릅뜨고 있는 힘의 정도

예) 내가 눈 하나 깜박할 것 같아?

<코>

1. 코를 찡그린다. 코의 원래 모양이 변형된 만큼

예) 정말 맘에 안 들어!

2. 콧구멍을 벌렁거린다.

예) 어찌할 바를 모르겠어!

3. 콧구멍으로 크게 숨을 들이쉬거나 내쉰다. 코로 호흡하는 양과 코로 숨을 뱉는 세기 또는 속도. 코로 숨을 세게 들이쉬고 뱉는다. 약하게 천천히 뱉는다.

예) 숨죽이고 들어! 내가 하는 마지막 말이야...

<입>

1. 입 벌리는 정도

2. 입꼬리가 올라가는 정도

3. 입꼬리가 내려가는 정도

4. 입으로 호흡하는 양

5. 입으로 호흡하는 속도

6. 입으로 호흡을 세게 약하게 들이쉬는 정도

예) 가만히 듣고 있고 싶지 않아 지루해!

7. 입술을 안 보이는 정도 / 입술을 내미는 정도

예) 불만 표출

8. 입술을 오므리는 정도

예) 간절히 그것을 원한다. 말할 때 입술을 오므리며 하며 강조시킴 한 글자 한 글자 똑똑히 들어!

Q. ”제스처“

제스처의 분류 기준 (인용 '제스처' 아담켄튼 저 김현강 신유리 송재영 김하수 역)

1. 자발적인가 또는 비자발적인가

2. 자연스러운가 또는 관습적인가

3. 의미 구축의 방식이 지표적이거나 도상적이거나 상징적인가

4. 문자적 의미를 가지는가 혹은 비유적 의미를 가지는가 말과 연관되는가

5. 의미 영역의 외부세계의 어떤 것을 가리켜 '객관적인가' 또는 행위자의 심상을 표현해 '주관적인가'

6. 담화의 명제적 내용에 기여하는가

7. 구두점을 찍듯이 간간이 끼어드는가

8. 담화를 구조화하거나 조직하는가

9. 담화의 유형을 나타내는가

Q. "연기할 때 제스처의 효과"

"말하지 않아도 제스처만으로 정보를 전달할 수 있다."

1. 같은 말이라도 다양하게 전달될 수 있는 음성언어를 제스처라는 신체언어를 더하여 하나의 일관적인 의도로 더욱 명확하고 쉽게 관객에게 전달될 수 있도록 해준다.

2. 자신의 생각을 잘 전달하기 위해 제스처의 사용은 효과적이다.

ex) 박수 또는 주먹을 쥐어 보인다. "여기 보시오!"

3. 말하는 도중 제스처는 사용 안 하다가 사용할 때 이목을 집중시키는 힘이 생긴다. 오디션의 경우 제스처의 사용은 심사위원의 이목을 집중시키는 역할을 한다.

Q. "제스처를 남발하지 마라. 제스처의 부작용 / 제스처는 신중하게!"

1. 말의 내용과 말의 의도를 더욱 강조하기 위해 보통 제스처를 사용한다. 하지만 제스처가 대사 한마디 한마디 모두 사용될 경우 즉 남발될 경우 보는 이로 하여금 말의 내용 이해와 말의 의도 파악이 애매모호해져 더욱 어려울 수 있다.

2. 제스처는 대사를 연기할 때 어느 특정 부분을 강조하기 위해 보통 사용된다. 제스처가 말의 내용(대사)과 역할과 관계없이 자신이 평소에 자주 사용하는 습관(제스처)이 끊임없이 무의식적으로 사용될 때 강조의 힘을 잃어버린다.

3. 보는 이로 하여금 제스처를 분석해야 하는 시간에 집중되어 말의 내용을 지나쳐버려 짧은 시간 효과적으로 전달되거나 강조되어야 하는 경우 역효과를 불러일으킬 수 있다.

4. 제스처는 신중하게! 우리가 선택하는 대사는 대게 중요한 사건 속에 처해 있는 인물일 경우가 크다.

5. 우리는 중요한 이야기를 할 때 신체표현을 멈추며 숨을 죽이는 형태의 호흡, 말의 뉘앙스에 더욱 신중을 기울인다. 책임감이 따르는 말을 할 때 신체표현은 그만한 책임이 더욱 따른다는 말이다.

6. 제스처를 남발할 경우 과도한 움직임으로 느껴 심사위원은 진심이 없다고 느낄 수 있다.

Q. "제스처 훈련"

1. 효과적인 제스처는 말하기 전에 하거나 말한 후에 하는 것이 집중을 끄는데 효과적이다.

2. 배우가 대사를 말하는 동시에 관객도 대사의 내용을 이해할 시간이 필요하기 때문이다.

3. 연기는 실제보다 더 느리게 이루어진다. 오디션의 경우 말과 행동이 빠르

기만 할 경우 해석이 불가능할 수 있다.

4. 감정 제스처 몸짓으로 바꾸려고 노력해봐라.

5. 대사의 생각을 말이 아닌 손짓 표정 몸짓으로 바꾸려고 노력해봐라.

6. 대사의 느낌만을 말이 아닌 손짓 표정 몸짓으로 바꾸려고 노력해봐라.

7. 공간을 이동하며 걷고 뛰며 제스처를 반복하고 멈춰보기

8. 다른 제스처로 이어가며 계속 발전시켜보기

9. 움직임으로 추상적인 단어 ex) 자유라는 개념을 표현하기

10. 전쟁 균형 혼란 조화 표현해보기

11. 평상시 잘 이용하지 않는 몸의 부분을 이용해라.

12. 발끝에서부터 머리끝가지 온몸을 다 이용해라.

13. 건강과 질병에 관한 제스처들

14. 한 행동 습관 제스처들

15. 굵기

16. 젖히기

17. 입술 삐죽 내기

18. 코로 킁킁대기

19. 발구르기

20. 손을 흔든다

21. 표정

22. 손가락

14. 자극과 반응 [수축과 확장]

Q. "연기할 때 자극은 얼마큼 받아야 하는가?"

"아픈 사람의 모습을 상상해봐!" VS "누군가가 지금 너의 손톱 밑을 바늘로 세게 찌르고 있어"

 위 글을 읽고 당신은 바로 어떤 반응(자극)이 생기는가?

1. 지금 바로 즉시 반응하게 만드는 구체적인 자극을 만들어라! 자극은 구체적이면 구체적일수록 좋다.

2. 아니 자극뿐만이 아니라 내가 보여주어야 할 모든 신체행동들을 구체적으로 생각하면 생각할수록, 구체적으로 상황을 그리면 그릴수록, 구체적으로 경험하면 경험할수록, 구체적으로 표현하면 표현할수록 구체적을 넘어 어느 순간 사실적인 연기가 된다.

Q. "상대방의 감정을 받아들이는 것은 감정을 보내는 것보다 **훨씬** 어렵다."

1. 자극과 반응, 액션과 리 액션. 감수성이 예민해야 하고 상대방을 깊이 인식해야 한다.

2. 애정을 가지고 진실하게 대해야 한다. 진정한 소통에 이르려면 자신을 먼저 열어라.

3. 반응 - 수긍/회피/공격: 감정을 살려주는 동작이 대사와 동시에 이루어지는 게 필요

4. 비트 - 감정, 몸과 행동에 영향/내적 독백 만들어짐

5. 처음 시작 - 문장을 변화시켜라.

6. "끝을 연기하지 마라. 미리부터 극의 끝을 연기해서는 안 된다. "

7. 자극과 반응. 액션과 리 액션 교감한다. 교류한다.

8. 배우는 연기하는 순간 실제와 마찬가지로 그 순간에 자극받는 것에 대하여 그 순간 반응을 해야만 한다.

9. 실제 그 순간 반응을 하기 위해서 배우는 민감한 상태여야 한다.

10. 자극에 빠르게 반응을 보이거나 쉽게 영향을 받는 상태를 민감한 상태라고 말한다.

11. 실질적인 행동을 외면적으로 개시하거나 내면적으로 행동을 시작해야겠다는 강한 행동을 갖는 사건 속에서(대사 속) 행동을 일으키는 자극을 찾아라.

12. 상황(혹은 상대)에서 받을 수 있는 자극은 무엇인지 파악하고, 그 자극을 어떻게 흡수할 것이며 (믿을 수 있도록 대체) 흡수한 자극에 대해서 얼마나 자유롭게 얼마큼 반응할 것인가

13. 대화가 시작되면서 가장 큰 자극과 반응이 시작된다.

14. 연기는 대화다? 듣고 말하기 말 잘하는 사람은 경청하기를 잘한다?

15. 단순히 듣고 바라보고 말하는 것은 중요하다.

16. 상대와 호흡하는 것. 대화하는 것. 자신에게 물어보라. 나는 감정을 보내고 다시 받는 것일까? 아니면 그저 말을 하는 것일까?

17. 연기를 잘하는 배우들은 자신의 상황과 목표를 다른 사람에게 잘 전달할 줄 아는 사람들이다. 상대에게 보내는 감정이 강하면 관객들에게 전달되게 마련이다.

Q. "신체 이완"

- 수축: 근육 따위가 오그라듦.
- 이완: 굳어서 뻣뻣하게 된 근육 따위가 원래의 상태로 풀어짐. (국어사전)

1. 자유롭게 반응할 최적의 준비상태. 이완을 했는가?

2. "심호흡 좀 하고 정신 차려!라고 말하듯 이완은 집중할 수 있는 상태를 만든다. "

 인체의 모든 계통들은 항상 서로 소통하고 지시를 주고받는다. [인용 책: 인체 원리]

3. 학생들은 몸을 다 풀고 경기장에 입장하는 선수처럼 수업에 임해야 한다.

4. 조절 / 마인드 컨트롤과 이완은 어떤 상황에서도 자신만의 행동으로 해결할 수 있다는 긍정을 만들어준다.

5. 마인드 (마음, 정신)는 우리의 삶(연기)에 많은 영향을 끼친다.

6. 우리는 누구나 순간순간 자신만의 일과 컨디션(몸의 건강이나 기분 따위의 상태)이 있지만 어쩔 수 없이 참고 자신이 당장 해야 할 것들에 집중하며 수행한다.

7. '피할 수 없다면 즐겨라'라는 말과 같은 생각의 전환이 필요한 이때 마인드 컨트롤과 신체 이완은 부정적인 상황을 긍정적으로 생각할 수 있고 즐겁게 일할 수 있도록 도와준다.

8. "어제 잠을 못 잤거나 오늘 몸이 안 좋거나 오늘 갑자기 안 좋은 일 있어서 연기를 못하겠어요."라고 말하는 연극영화과 지망생들에게 필요한 것은 마인드 컨트롤과 신체 이완이다.

9. 사람은 음악을 듣거나 보고 싶은 영상을 보거나 요가 또는 체조, 명상호흡 등으로 마음과 정신을 수양하기도 한다. 자신을 정돈하고 점검하는 시간을 갖는다.

10. "도레미파솔라시도~ 나는 피아니스트! 피아노의 건반 중 소리가 나지 않는 건반이 있는지 확인부터 해야 한다." 신체 이완은 연기할 때 가장 큰 영향을 끼치는 부분이다.

11. 신체 이완은 보통 연기를 시작하는 학생들이 가장 귀찮아하거나 힘들어하는 부분이기도 하다.

12. 평소 운동을 싫어하거나 몸 쓰는 것 자체를 싫어하는 학생들이라면 더욱 신체 이완의 중요성을 크게 생각하지 않는다.

13. 긴 시간의 참을성을 요구하는 호흡 훈련, 근육들의 긴장을 풀기 위한 땀을 낼 수밖에 없는 갖가지 훈련들, 다리 찢기 같은 고통스러운 훈련들이라고 생각하고 싫어한다.

14. 왜 신체 이완이 중요한지를 깨달은 학생들은 실제로 대사를 연기하기 전에 신체 이완을 하는 데에 많은 시간을 쏟는다.

15. 신체 이완을 하지 않고 바로 연기를 시작한다는 것은 '준비운동을 안 하고 물속으로 들어가 수영을 하려고 하는 것이 위험하다'라고 이야기하는 것과 같다고 설명해도 과언은 아닐 것이다.

16. 준비운동을 안 하면 근육이 다치거나 수축될 수 있다.

17. 준비운동을 하게 되었을 때 격렬한 움직임이나 정신적인 압박에도 대비하게 된다. 연기도 마찬가지다.

18. 신체 이완을 안 하고 연기를 하게 될 시 연기에 많은 방해 요소들이 작용한다.

19. 본인의 연기를 교육하는 선생님들이 자주 지적하는 코멘트 내용 중 가장 많이 등장하는 내용 ("긴장 많이 했는데? 몸이 너무 굳었어!")이기도 할 것이다.

20. 피아니스트처럼 연주회를 시작하기 전에 피아노 건반들을 하나씩 점검하는 것.

21. 연주회가 시작되고 악보를 연주하는데 제 소리가 나지 않는 형태, 연기를 하는데 생각대로 움직여지지 않는 상태와 같다.

22. 이완을 통해 어떤 배역이든 자유롭게 자신의 신체를 조절하여 소화해낼 수 있는 상태가 되어야 한다.

23. 그럼 신체 이완이 만들어내는 우리의 건반은 어떤 것들이 있을까? 자신을 거울로 비추어 봤을 때 보이는 모든 부분이 건반이다.

24. 발, 무릎, 골반, 허리, 옆구리, 등, 손, 팔, 몸통(배), 가슴, 어깨, 목, 눈, 코, 입, 귀 등 연기할 때 많이 사용하게 되는 각 신체 부위 관절이다.

25. 근육들을 뻗고, 돌리고 만져 주며, 스트레칭, 이완시키는 것은 기본적이면서도 가장 중요하다. 충분한 시간을 투자하여 정성껏 이완시켜준다.

26. 이완시켜 주는 것만큼 중요한 것은 각 신체 부위들을 연기할 때 자유롭게

활용할 것이라는 것을 앞서 인식하는 것이다.

27. 피아니스트는 건반을 눌러 소리를 내야 하고 소리를 만들어내는 것은 피아노다.

28. 배우는 소리를 내야 하고 소리를 만들어내는 것은 호흡이고 호흡은 신체에서 만들어진다.

29. 신체가 자유롭게 작동되기 위해서는 '자전거 체인에 윤활유를 바르는 것'과 같은 신체 이완을 충분히 해야 한다는 것을 잊지 말았으면 한다.

Q. "수축과 이완 (확장,팽창,평정)"

- 수축을 알아야 이완할 수 있고 이완된 상태를 경험하면 수축할 수 있다.
- 필자는 수축과 이완의 의미를 이용하여 자극과 반응이 교차하는 연기의 과정과 원리로 아래와 같이 재해석한다.
- 수축과 이완의 과정은 호흡, 신체(근육), 말, 감정상태 모두 동시에 포함한다.

1. 수축 (자극, 균형, 위협)

 갑자기 처한 상황, 갈등, 무의식적, 위협, 불편함, 긴장, 두려움, 자극, 순간적으로 호흡 멈춤, 충격, 들숨, 충동적, 갈증, 얼음, 불에 타고 있다. 등 (이완을 필요로 하는 고통적 상태)

 "수축과 이완을 서로 비교해보면서 이해해봐라."

2. 이완 (반응, 불균형, 방어)

방어, 의식적, 한숨, 편안함, 안정감, 극복, 충분히 이성적인 생각과 판단을 할 수 있는 상태, 원하는 반응(표현)할 준비상태, 해결, 날숨, 해소, 물, 원하는 대로 집중과 몰입을 할 수 있는 상태 등 (수축을 이완시키는 과정, 수축의 방어체제)

3. 컨트롤 (공격, 방어 자유로운 상태)

전의식, 자유로운 표현 (목적 달성)을 하기 위해 순간순간 수축과 이완을 적절하게 사용할 수 있는 상태

집에 가는 길을 항상 같은 방식으로 찾아가듯 무의식적인 선택들이 당연했고 최선의 선택이었다고 생각할 수 있지만 우리는 의식을 깨워 다시 원리를 분석하고 더 좋은 방법들을 만들고 더 좋은 선택을 해야 만 한다. 그래서 나는 항상 이미 나온 결과를 다른 것들과 비교하고 연관 지어 재해석하고 재경 험하여 내 것으로 만드는 것을 즐긴다.

선과 악이 있고 예수와 히틀러가 있고 오르락내리락 기쁨과 슬픔이 항상 공존하듯 인간과 배우에게 편안히 숨만 쉴 수 없는 인간과 대사의 상황에서 항상 등장하는 양날의 검과 같은 흑과 백의 귀로에서 갈등하고 결국 선택해야만 하는 이러한 과정들을 쉽게 이해하고 연기에 직접적으로 적용시키기 위해선 일단 크게 두 가지에서 세 가지로 공통된 분모로 나눌 수밖에 없었다.

"한마디로 나를 나쁘게 만드는 것들은 날 수축시키고, 날 좋게 만들기 위해선 이완해야 하고 배역을 자유롭게 연기하기 위해선 둘 다 적절하게 잘 사용해야 한다는 것이다." "이완은 신체가 민감하게 감각을 능동적으로 받아들일 수 있는 상태를 만들어주며, 자극받는 대상으로 온전하게 집중할 수 있게 도와준다."

"배우는 자유롭게 수축과 이완을 넘나드는 컨트롤 상태여야 한다!" 컨트롤 상태가 되기 위해선 수축을 이완으로 바꾼 상태가 되어야 하는데 신체의 어느

부분이 긴장되는지 스스로 인식할 수 있는 능력을 갖추고 있어야 한다. 한마디로 신체의 어느 부분이 문제인지 체크할 수 있는 능력을 말한다. '고도의 집중을 요하는 경기장 입장하는 선수들에게는 약간의 긴장은 반드시 필요하다' 스포츠심리학에 자주 등장하는 말이다. 여기서의 긴장은 불편한 수축을 필요로 하는 게 아니라 성공적인 행동변화를 위한 집중 상태, 예측 불허한 상황에 현명하게 대처 가능한 이완을 끝마친 뒤인 자유로운 컨트롤 상태에 가깝다. 우리는 '고도의 집중을 요하는 무대와 촬영장 오디션 장에서 수축과 이완을 자유롭게 넘나들어야 할 것이다.' 그래야 관객들에게 고통도 행복도 공감도 감동도 줄 수 있다. 인간은 태초에 위협으로부터 보호하기 위해 방어하는 방법과 그 과정을 효율적으로 개선시키며 발전해왔다.

언어, 언어 전달 능력을 가장 눈에 띄게 발전한 '방어전략의 예'로 대표적으로 뽑을 수 있다. 모든 인간(배우)의 행위(연기)는 위협(자극)으로부터 보호, 방어(반응) 하기 위한 형태(전술, 전략, 방법, 과정, 노력)라고 자극적으로 받아들이면 '수축과 이완', '자극과 반응'의 과정을 좀 더 쉽게 이해할 수 있을 것 같다.

우리 삶의 템포와 같은 수축과 이완. 우리는 살면서 처한 상황에 따라 수축과 이완을 수없이 반복한다. 자신의 방에서 무의식적으로 이완하며 편하게 숙면을 한다. 반면 새로운 사람을 만날 때, 새로운 공간에 들어갔을 때, 새로운 사실(사건, 상황)에 직면했을 때 위협받지 않을까 수축하여 긴장하며 주의를 주시하고 안전함을 체크, 집중(방어)한다. 그다음 어떤 갈등(어떤 선택을 할까? 고민)하며 갈등 해결을 위한 욕구가 생기고 목적(욕구)에 의한 행동을 한다. (활동의 시작, 연속적인 행위) 이러한 과정들을 충분히 이해했다면 당신은 연기를 이루는 과정이 '자극과 반응'이라는 것. '수축과 이완'의 연속적 형태라는 것을 느끼게 될 것이다.

받았기 때문에 줄 수 있고 (액션 &리 액션) 주거니 받거니 변화를 수반하는 과정이다. 눈으로 대상을 봤다면 어떤 형태로든 자극을 받는다. 자극을 받으면 이미지가 연상된다. 그다음 어떻게 행동할 것인가? 욕구(필요로 하는 것)에 의한 (목표)가 생기고 판단하고 행동한다. 소리가 들리거나 냄새가 나거나 무엇을 먹거나 무엇을 만졌거나 (오감) 다 마찬가지이며 어떤 형태로든 자극을 받으면 상황(이미지)을 떠올리게 되고 욕구가 생겨 즉시 행동한다. 또는 시간을 두고 고민하여 예측하거나 판단해서 최선의 선택을 한다.

 지금까지 이야기한 내용이 연기를 궁극적으로 할 수 있는 원리라고 말하고 싶다. 배우는 상대 또는 대상(공간 속 사물)을 보고 듣고 (그 외 오감으로 느끼는 모든 것들) 자극받은 것을 대사로 반응한다. 결국 오감으로 느껴야 자극받을 수 있고 자극(충동적으로) 받아야 오감을 통해 말과 신체로 행동할 수 있는 것이다. 이러한 과정을 위해 우리는 수축과 이완을 하는 방법을 동시에 터득해야 한다.

 예를 들어 대사의 상황 속에서 심한 자극을 받고 배우가 자신도 모르게 호흡이 갑자기 멈추거나 근육 따위가 오그라드는 수축 상태를 경험했다고 말하는 것이 상황에 몰입되었다고 말할 수 있는데 반드시 자극은 신체적 변화를 만들어낸다. 자극에 대한 신체적 반응 중 가장 거짓말을 하기 힘들고 자신이 가장 섬세하게 변화하고 있다고 말할 수 있는 부분이 시선 (눈동자의 움직임, 동공 확대 등), 호흡이 있다.

15. 화술

- 말 잘하는 사람이 합격?

인간의 말

인간은 마음에도 없는 말을 하는 게 아니라 마음에 있는 만큼만 말하며 자신의 진짜 목적을 숨기려고 다른 말로 화제를 전환시키기도 한다. 욕구가 시작돼 일단 먼저 큰 주제를 불러오기도 하고 아직 작아 사소한 것부터 말하기 시작한다. 인간의 모든 말에는 의미가 있고 이유가 있으며 생각해본 적 없거나 욕구가 없는 말을 뱉지도 않으며 배워 본 적 없는 단어를 사용하지도 않는다. 모든 말은 뼈로 우려낸 것이며 가시가 있고 살이 붙어있다. - 10월 애 더배우다 Y에게 (강도용 지음) 中에서 배우는 대사에 띄어 읽기를 표시하지 않는다. 그래도 표시했다면 그 배우는 잠시 멈추어 생각할 시간을 가진 것이다. - 강도용

말을 제대로 못 하거나 훈련받지 않은 목소리와 신체를 가진 배우들은 내면 세계의 미묘한 의미들을 전달할 수 없거나 관객을 지루하게 할 것이다. - 스타니슬랍스키

나는 연기를 꽤 즐기는 편이었는데 배우에게 무대는 늘 열려있고 유희적이고, 경청하고, 탐험하는 공간이라고 생각한다. - 수잔 서랜던

Q. "배우는 말 잘하는 사람?"

1. 당신은 말 잘하는 사람인가? 배우는 말을 잘하는 사람이다.

2. 글을 누구보다 잘 읽으며 종이에 문자로 쓰여있는 글을 사람이 실제로 말하는 것처럼 사실적으로 표현해야 하는 말 잘하는 사람이다.

3. 나에게도 말 잘하는 사람의 특징이 있는지를 점검해보자. 말 잘하는 사람의 특징은 의외로 간단하다. 대사를 말할 때 심사위원과 소통할 때 반드시 기억하고 훈련해서 무의식적으로 자동적으로 본능적으로 자연스럽게 자유롭게 구사하길 바란다.

Q. "말 잘하는 사람의 특징은? 바로 '다양성'이다."

1. 그래서 연기학원에선 다양한 말하기를 구사할 수 있는 다양한 훈련을 시켜 무의식적으로 습득할 수 있게끔 한다.

2. ex: 빨주노초파남보 다양한 색상으로 말해라. / 희로애락 다양한 감정으로 말해라. / 다양한 반찬 진수성찬이로구나!

3. 감탄이 나올 수 있게 다양한 말하기 방식을 준비해라.

4. 무엇이든 고정적이지 않고 멈춰있지 않고 예측이 불가하게 자유롭게 구사하는 (ex: 크고 작게를 조절하는...) 일명 컨트롤 능력은 오디션 현장에서 심사위원들을 집중하게 만들며 나를 버라이어티(다양성)한 사람, 매력 있고 여유 있고 화려하고 많은 훈련으로 다져진 사람, 전문적인 사람, 신뢰할 수 있는 사람으로 만든다.

5. 강조 / 고 (높고) 저(낮게) / 장(길게) 단(짧게) / 사일런트 (조용한) / 완(느림) 급 (빠름) 요소들을 화술에 기본적으로 적용시키는 노력을 해라.

Q. "말과 신체를 하나로?"

1. 음성과 신체 통합

2. 연기의 동시성

3. 언행일치 or 언행불일치

4. 대사와 움직임이 일치해야 자연스럽고 사실적이며 당신의 몰입 또한 도와줄 것이다.

5. 즉 말하기와 신체표현이 통합되어 동시에 이루어져야 한다.

6. 대사가 없어도 신체의 상태 또는 행동은 연결되므로 집중과 변화는 멈추지 말고 이루어져야 한다.

7. 언행일치 : 목적을 이루려는 대사와 행동의 노력이 일치한다면 말하기와 신체표현을 동시에 하라.

8. 언행불일치 : 말 따로 행동 따로는 인물이 진실을 숨긴 채 다른 의도가 있고 말은 다르게 하는 경우다.

Q. "호흡"

1. "호흡을 동반해라."

2. "호흡은 감정이다."

3. "호흡은 템포다."

4. "편안함에는 호흡이 들리지 않는다." 그만큼 안정적이다는 얘기다.

5. "호흡이 들리지 않는 자는 이성적이다."

6. 절박한 자는 숨을 필요로 한다. 호흡이 거칠다.

7. 호흡을 참고 호흡을 자유롭게 쉬는 것은 인물과 하나가 되었다는 증거다.

8. 숨소리 없이 동정을 호소하는 사람은 없다.

9. 호흡 없이 간절하게 소리만 지르며 호소하지 마라. 가짜다.

10. 말없이 호흡으로만 처음부터 끝까지 연기해봐라.

11. 연기할 수 없다면 당신은 가짜 상황을 우리에게 가짜로 보여주고 있는 것이다.

Q. "발음 연습"

자신의 이름을 잘못 발음하는 사람은 없다. 배우는 발음기관을 탓하기 전에 대사의 의미부터 되새겨 보아야 한다. - 강도용

1. 자신의 이름을 부정확하게 말하는 사람은 드물 것이다.

2. 발음이 부정확한 이유는 발음이 자신에게 익숙하지 않거나 대게 각 글자의 입모양을 만들어주지 않거나 입모양이 만들어지는 시간을 할애하지 않기 때문이다.

3. 또한 혀의 위치 입을 오므리거나 제때 다물거나 벌리거나의 문제이다. 꾸준히 연습하여야 한다.

Q. "억양, 말의 뉘앙스, 말의 리듬을 정해놓지 마라."

1. 뭐든지 정해 놓으면 변화하기 힘들다. 억양, 뉘앙스, 리듬은 연기를 하는 순간마다 조금은 다를 수 있다.

2. 정해 놓을 경우 익숙해져서 몰입 즉 상황을 순간적으로 받아들이기가 어렵다. 그 대사가 불필요한 말이 돼버린다.

3. 의지를 갖고 하는 말이 아니면 그 말은 기계적으로 들릴 것이다. 목표만을 정해놓고 여러 방법들을 구사하며 자연적으로 다양하게 나오게 하는 것이 살아있는 말을 만들 수 있는 방법이다.

4. 불안하다면 그다음 선택해라. 하지만 명심해라. 선택했다고 안심하는 순간 당신은 상황이 아닌 그 말투를 안정적으로 해내려고만 노력하게 될 것이다.

5. 즉 억양을 구사하는 데만 너무 힘을 쏟다 보면 자신이 싸우는 이유와 다른 모든 목적들을 잊어버리게 될지도 모른다.

6. 또한 일관된 억양, 뉘앙스, 리듬으로 대사를 반복적으로 계속 연습하다 보면 너무 과장되어 오히려 어색해질 것이다.

Q. "화술(억양, 뉘앙스) 연습에만 집착하는 배우, 대사만 전달할 것인가?"

1. 우리는 성우가 아니다. 말만 하는 인간은 없다. 움직이지 않는 인간은 없다.

2. 이것은 동선이나 큰 제스처를 말하는 것이 아니다. 심각하고 신중한 일촉즉발의 상황 속에서 숨을 죽여 얘기를 할 때도 당신은 어떤 방식으로라도 생각에 따라 반응(크고 작은 신체적 반응)하게 될 것이다.

3. 생각은 상황 속의 행동으로 담아낸다. 구두언어(화술)로만 전달하면 당신은 내면의 깊은 수렁에 빠지게 될 가능성이 크다. 감정적 연기의 가장 큰 원인이다.

4. 대사를 말하며 그 대사에 온갖 진지함과 느낌을 쑤셔 넣을 가능성이 크다. 대사를 작게 말하고 크게 말하는 것만 우리는 지켜봐야 할 것이다.

5. 느끼는 사람이 있는 반면 못 느끼는 사람이 더 많을 것이다. 왜냐면 우리는 중심을 보고 변화를 느끼며 변화 속에서 중심을 찾는다.

6. 움직이지 않고 대사만 하다간 그것이 우리에게 감동을 줄지언정 결국 언제 변화하지? 지루함을 주게 될 것이다.

7. 지루함은 한 가지 시도 말고는 노력하지 않는 자에게 보인다. 당신은 목적

을 이루기 위해 한 가지 노력만 할 것인가? 당신은 실패할 것이고 당신은 결국 절망할 것이다.

Q. "대사의 어미 자신 맘대로 올리고 내리는 경우?"

대사의 어미를 떨어뜨리느냐 올리느냐가 자신의 의도적 사용인지 인물의 의도인지를 파악할 줄 알아야 한다. 나의 습관은 인물의 성격으로 오류 시킬 수 있음을 명심하라.

Q. "발성의 문제"

소리의 크기 (음량) &소리의 거리(발성의 거리감)

1. 소리를 크게 말해 강조할 수 있고 갑자기 작게 말해 강조할 수 있다. 가깝게 다가와서 말해 강조할 수 있고 가까운 거리에 있는데도 불구하고 멀리 말하는 것으로 모두 강조할 수 있다.

2. 연기학원에서 여러 방법으로 훈련하지만 훈련으로만 끝날뿐 실제로 대사에 적용시키지 않아 결국 연기의 문제점으로 발견되곤 한다.

Q. "목소리를 크게 내지 않는 이유 (말의 욕구가 없는 이유)"

1. 연기는 사실적이어야 한다.라는 코멘트를 잘못 인식하고 본인이 일상 해서 말하는 목소리의 크기로 말하는 경우가 많다.

2. 드라마에서 본 배우들의 일상연기의 자연스러운 톤이 매력적이라고 생각해 그들의 목소리를 지배했을 수 있다.

3. 말(단어)은 이미 의미를 갖고 있기 때문에 말하는 것만으로도 상대에게 정보 전달이 자연적으로 될 것이라는 생각이 크게 적용하는 경우다. 욕구의 크고 적음의 의미를 모르는 경우이다.

4. 파이팅!이라는 대사를 오늘 집 청소를 하기 위해 다짐하는 내가 파이팅이라고 뱉는 것과 파이팅!이라는 대사를 올림픽 금메달 결승전을 앞둔 내가 파이팅이라고 뱉는 것과 같단 말인가? 수많은 경쟁자들이 줄 서서 오디션을 기다리고 있다. 어떤 게 소리 낼 것 인가? 크게 말해본 적이 없는 사람은 크게 말하는 것이 무엇인지 모른다.

5. 집에서 작게 연습하는 경우 실제 연기할 때 그보다 더 작을 수 있다. 나머지의 경우는 자의식과 자신감이다. 이 경우는 오디션을 볼 자격과 준비가 아직 안되었다고 해도 과언은 아닐 것이다.

6. 오디션을 보는 사람은 목소리를 증폭 (공간 사방의 벽을 관통, 울림 : 공명)시켜야 한다. 집에서 말하는 소리로는 무대에 설 수도 심사위원 그들을 자극(집중)시킬 수 없다.

7. 목소리는 잘 들려야 한다. 오디션에서 목소리가 너무 큰 배우리는 경우는 흔하다. 감정과 행동만을 생각하고 연기하는 경우는 없지만 감정과 행동의 강도는 크나 목소리(말)가 잘 안 들가 이런 경우다.

8. 목소리(말)가 잘 들리려면? 상대에게 내가 원하는 것을 적극적으로(간절하게) 요구하고 행동해야 한다. 여기서 (간절하게)는 간절하게라고 해서 무조건 '애원하다'의 행동 동사로 연기하는 것이 아닌 아닌 상대를 이해시키고 설득시키려는 간절함이다. 상대와 교류하려는 강한 의지(욕구)이다. 목소리(말)가 잘 들리려면? 어떻게 상대와 교류하려는 강한 의지 (욕구)를 간절하게 가질 것인가? 가 중요하다.

Q. "말 잘하는 방법?"

1. 상대의 머릿속에 내 생각을 넣고 싶은

2. 내 말에 반응하게 만들고 싶은

3. 상대의 귀에 쏙쏙 박히게 내 말을 잘 전달하고 싶은

4. 상대의 생각을 변화시키고 싶은

5. 상대의 행동을 끌어내고 싶은 욕구가 필요하다.

그래야 대사가 잘 들린다. 그러면 감정도 본능적으로 자연적으로 내포되기 마련이다. 감정은 배우가 말하고 행동하며 그 상황을 경험하다 보니 자신도 모르게 나와 관객가 배우 본인도 느끼게 되는 것이다.

Q. "자신에게 쉽게 적용할 수 있는 말하기(음성) 훈련방법"

- 아 ~~~~~~~~

1. 아를 뱉기 전에 소리의 도착점을 정한다.

2. 정면에 보이는 막힌 벽의 한 중앙지점을 도착지점으로 정하고 뚫어지게 응시해본다.

3. 소리의 시작점 찾기 소리의 영점을 잡는다라고 설명하곤 한다.

4. 가장 편하게 안정되게 소리 낼 수 있는 아 를 만든다.

5. 가장 길게 낼 수 있는 아 를 만든다.

6. 아를 뱉다가 높게 하로 올라갈 수 있는 낮은 아를 만든다.

7. 가슴으로 아 를 소리 내본다.

8. 배로 아 를 소리 내본다.

9. 허벅지로 아 를 소리 내본다.

10. 엉덩이로 아 를 소리 내본다.

11. 종아리로 아를 소리 내본다.

12. 발로 아를 소리 내본다.

13. 발바닥으로 아를 소리 내본다.

14. 바닥에서 아 가 나온다고 생각하고 소리 내본다.

15. 1부터 14까지 가장 안정되고 가장 편하게 가장 길게 낼 수 있는 아를 낼 수 있도록 연습한다.

16. 이제 바닥과 하나가 된 아를 소리 내며 도착지점으로 천천히 걸어가며 아를 내본다.

17. 더욱 천천히 도착할 것에 집중하며 걸으며 소리 내면 더욱 긴 아가 나올 것이다.

18. 17번을 반복하다 도착지점에 가까울수록 더욱 집중! 소리 에너지를 도착 지점에 더욱 보낸다. 쏟는다. 소리가 더욱 커질 수도 있고 소리가 더욱 넓어 질 수도 있다. 벽 전체에 울려 퍼질 수 있도록 더욱 쏟아봐라. 울려 퍼지는 울림을 느낄 수 있도록 (공명) 코앞 눈앞까지 가까이 다가가 발성 에너지를 쏟으며 얼굴에 반사되거나 귀로 자신의 소리를 들어본다. 발성의 에너지 기운 을 느끼는가?

19. 힘차기만 한 아 보다는 더 듣기 좋은 소리 아 를 내보려 하며 도착지점에 아를 내며 에너지를 쏟는다.

Q. "대사의 이미지 (상황)"

현실에 대한 생생한 느낌과 이를 표현할 줄 아는 능력이 시인을 낳는다. - 괴테

1. 대사의 이미지에 머물러라. 대사의 이미지에 머물 때 감동한다. 대사는 상황이기 때문이다.

2. 대사의 이미지는 곧 자신이 처한 상황이다. 이미지는 단순히 묘사적인 요소가 아니며 무엇보다 중요하다.

3. 이미지는 그 순간 등장인물이 거하는 곳이 때문이다. 배우는 이미지가 거하는 곳으로 우리를 데려가야 한다.

4. 에드워드 본드는 목소리로 대사를 쓴다고 했다. 대사의 이미지에 머물러라는 영화의 클로즈업에 깊은 영향을 받은 것인데 사고를 정화하는 것이다.

5. 사고를 정화한다는 것은 대사를 이루는 단어와 그 단어들이 어떻게 연결되어 있는지를 숙고하고 음미함으로써 일어나는 것. 생각은 그 생각과 함께 감정을 불러일으키고 이것이 다시 말의 모양새를 만든다.

Q. "화술의 과정"

대사는 소통이다. 소통은 욕망이다. 당신의 대사가 무미건조한 이유는 상대를 변화시키려는 욕망이 없기 때문이다. 말하기에서 그치지 말고 말을 걸어라! - 강도용

1. 단어의 방향 두께 깊이 넓이 크기 거리 " 단어, 대사(말)의 표현은 어떻게 하는가?

2. "단어들은 말(대사)을 만든다." 내가 연기할 대사들을 하나로 통틀어 비빔밥이라고 하자.

3. 단어들은 각 비빔밥을 이루는 각 재료가 된다. 재료들이 어울려 비빔밥(대사 전체)이 되고 배우는 비빔밥을 맛있게 비벼 먹는다. (연기한다)

4. 각 재료들의 맛이 싱싱하게 느껴진다면 비빔밥은 더욱 맛있을 것이다. 싱싱한 재료를 사용하듯 단어를 생생하게 표현해야 대사 전체의 상황을 생동감 넘치게 연기할 수 있는 것이다.

5. 단어를 생생하게 표현하면 말에 활력을 준다. 말에 활력이 생기면 연기 전체에 활력(에너지)을 준다.

6. 그렇다면 단어는 어떻게 표현하는가? 서브텍스트의 형태와 같다. 일단 단어를 바라보면 무엇이 떠오르는가?

7. 그 단어가 지칭해주는 대상의 이미지가 떠오를 것이다. 그 대상을 떠올리면 어떤 상황이 펼쳐지는가? 단어(대상)를 떠올려라! 눈앞에 어떤 상황이 펼쳐치는가?

ex) 대사의 단어가 '수박'이라고 가정하자.

시각) 당신은 수박을 먹으려고 쳐다보고 있는가?

미각) 수박을 먹고 있는가? 수박을 먹었는가?

8. 그렇다면 당신은 오감 중 미각에 가장 자극이 올 것이다. 바로 눈앞에 있는 맛있는 수박을 먹을 상상을 해봐라.

9. 또 지금 맛있는 수박을 먹고 있다고 생각하고 수박의 맛과 씹히는 맛을 상상해봐라.

10. 수박을 다 먹었다면 먹고 난 직후의 수박을 먹은 소감을 혼잣말로 표현해봐라.

11. 얼굴의 표정과 시선 제스처 몸 전체의 방향 컨디션 상태(무거운가, 가벼운가) 혀의 감촉. 입안에 침이 고인정도 치아 사이에 들어오는 수박들 등이 구체적인 상상과 신체표현으로 동시에 실제로 이루어져야 한다.

12. 느껴지지 않는다면 본인 신체상태를 상상 속의 본인의 상태와 맞게 변형시키며 (코게 숨을 크게 천천히 들이쉬고 내쉴 만큼 너무 편안하다) 몰입하며 경험한다.

13. 이런 훈련 들을 통해 내가 경험한 수박을 순간적으로 말할 때 경험을 통해 저장된 오감들이 작동하여 자신의 경험의 과정 중에 일부분(순간적으로 선택된 이미지 또는 자극)을 음성적으로 빠르게 수박을 말할 수 있다.

14. 빠르게 수박을 말한 예) 너무 맛있어서 순식간에 수박을 해치운 자신의 모습을 순간적으로 떠올리며 "난 순식간에 수박을 해치웠지!"(서브텍스트)가 압축되어 수박!이라고 말하게 된다는 것이다.

15. 결국 경험과 상황 속의 대사의 이미지가 나에게 어떤 자극으로 오고 그 대상을 또 다른 상황으로 어떻게 상상하는가에 따라 단어의 의미(예: 대상(수박)과 나의 추억)가 달라진다.

16. 또 표현도 제 각기 달라질 수 있는 것이다. 이것 또한 메서드 연기의 형태라고 말할 수 있다. 단어를 말함으로써 표면적으로 드러나는 형태는 크게 단어의 무게, 방향성, 위치, 속도 등으로 변형되어 드러나게 된다.

17. 이 변형된 형태를 인지하여 대략적인 단어의 상황을 관객은 유추한다. '살인자'라고 조용히 천천히 속삭이듯 말했다면 당신은 그 형태만으로도 살인자를 눈앞에서 목격했는데 저 사람이 바로 내가 말했던 그 살인자라고 살인자에게 안 들키게 친구에게 조심히 말해줘야 하는 상황이라고 유추할 수 있을 것이다.

18. 조용히 말하는 형태만 상상해도 조용히 말했던 순간들을 경험했던 우리는 조용히 말하는 상황이 어떤 상황에 어울리는지 맞출 수 있을 것이다. 종이의 대사(단어)들을 유부초밥에 유부만 있다고 생각하면 이해가 빠를 것이다. 유부 안에 초밥을 넣어야 한다는 것이다. 결국 단어와 말은 상황 속의 형태로 다시 압축되어 표현되어야 한다는 것이다.

Q. "욕구(목표) 없이 요구하지 않는다."

1. 연기는 행동이다. 행동은 연기다. 행동은 인간의 모든 반응이다. 정신, 신체, 말 그밖에 모든 것들을 포함한다.

2. 인간이 배우라면 인간의 삶은 배우에겐 연기다. 인간은 목적 없이 말을 함

부로 뱉지 않는다. 인간은 욕구가 생기기 때문에 요구하게 된다. 요구는 또다시 목적이다. 인간은 자신의 목적을 이루기 위하여 다양한 노력을 할 수 있는 방법들을 다양하게 시도한다.

3. 당신이 누군가를 짝사랑한다고 가정해보자. 바로 달려가 그녀 앞에서 바로 사랑한다고 고백할 수 있는가? 물론 돌직구를 날려 성공하는 사람도 있을 수 있다. 하지만 더 간절히 원한다면 실패할 가능성을 최대한 줄이고자 다양하고 많은 방법을 동원한다.

4. 지금 한번 떠올려봐라. 어떤 다양하고 많은 고백의 노력들이 떠오르는가? 당신 눈앞에 머릿속에 당신이 집중하고 있는 그 상황 속에 당신은 어떻게 움직이고 있는가? 어떻게 말하고 있는가? 그것을 지금 일어나서 움직이며 경험하는 것이 연기다.

5. 대사도 마찬가지다. 효과적인 목표 달성과 효과적인 설득을 위하여 자신에게 중요한 목적은 한마디로 직설적으로 목적만을 얘기하지 않는다.

6. 목적이 생기면 6하 원칙을 이용하여 자신이 처한 상황을 신체와 말로써 논리적으로 때론 감정적으로 때론 인간적으로 목적이라는 내용물에 다양한 말들을 때론 비유적으로 때론 은유적으로 포장하며 예를 들어 얘기하고 과거의 이야기들과 비교해주고 나열하며 선택하게 도와주며 일어나지 않는 미래를 내다보게 하여 두려움을 먼저 선사하기도 하며 목적을 달성시키기 위한 갖가지 노력을 한다.

7. 한마디로 말하자면 자신이 정말 원하는 본질적인 말 그 한마디를 쉽게 꺼내지 않는다는 것이다. 그만큼 말 한마디를 뱉었을 때 그 한마디에 내포되어 있는 상황이 상대와 내가 더불어 모두가 공통적으로 이해하고 같은 의미로 해석되기에는 많은 차이가 있고 오류를 범할 수 있기 때문에 목표에는 많은 타당한 근거(노력)가 필요하다는 것이다.

8. 그래서 분석으로 따지면 인물이 말한 대사들을 꼼꼼히 조합해봐야 하며 연

기할 때 말로써 표현될 때는 목적은 배우 자신이 내적으로 갖고 있으며 첫 번째 대사(말) 두 번째 대사 (말) 세 번째 대사 (말)...... 로써 그 목적을 달성하기 위해 노력하는 것이다.

9. 다시 말해 대사 한 줄은 첫 번째 노력, 둘째 줄은 두 번째 노력, 셋째 줄은 세 번째 노력으로 바꾸어 설명할 수 있다.

10. 연기는 반드시 상대가 납득할 수 있게 대사의 상황을 경험하며 노력해줘야 한다는 것이다. 만약에 연기학원에 가는 연기를 한다고 예를 들어보자. 나는 연기학원에 도착하는 것이 목표다.

11. 그럼 첫 번째 노력은 일찍 일어나는 것이다. 일어나는 것에 최선을 다하고 두 번째 노력은 지하철을 타는 것이다. 지하철 타는 것에 최선을 다하고 세 번째 노력은 버스를 타는 것이다.

12. 버스를 타는 것에 최선을 다해야 한다. 어떤 한 가지도 최선을 다하지 않으면 일찍 일어나지 못할 수도 있고 지하철을 제시간에 못 탈 수도 있고 버스를 제시간에 못 탈 수도 있다. 여기서 반드시 잊지 말아야 할 것은 연기학원에 가는 노력을 세 가지를 하며 힘들다는 감정이 아니라 연기학원에 도착하는 것 바로 목표다.

13. 연기학원에 도착해야 하기 때문에 세 가지 노력에 순차적으로 최선을 다해야 하는 것이고 목표를 이루기 위해선 세 가지 노력의 방법 또한 바꾸거나 추가할 수 있다는 것을 명심해라.

14. 이 노력들을 실천하는 과정을 보고 관객은 슬프다 힘들다 우울하다 기쁘다 화난다 등 관객 각자 자신 스스로 감정이라는 느끼게 된다는 것이다. 거꾸로 배우는 첫 번째 노력을 하며 자신도 모르게 화날 수도 있고 두 번째 노력을 하며 슬플 수도 있고 세 번째 노력을 하며 우울할 수도 있다는 얘기와 같다. 그러니 필자는 연기할 때 대사를 각각 상황으로 보고 대사. 상황을 경험하라고 수 차례 강조하는 것이다.

15. 앉아서는 분석만 하고 분석이 끝났을 시 당장 일어나서 상황에 집중하고 움직여보며 말하며 몰입하며 경험해봐야 한다.

16. 머리 (분석 시)로는 냉철하게 가슴 (연기 시)으로는 열렬하게 움직여라. 실천은 행동. 행동하고 싶은가? 내가 아닌 대사의 역할을 나로서 연기하고 싶은가?

17. 대사 속 인물의 상황을 내 것들로 번역하고 대체하고 대입하고 연관 짓고 연상한 나만의 상황과 인물의 상황을 일치시켜 다시 대사 속 상황을 경험해봐라.

18. 대사 -> 인물이 처음 하는 말인가? 지금 갑자기 충동적으로 하는 말인가?

19. 참다못해 분출하기 위해 말하는 것일 수 있다. 감정적 일수 있다. 갑자기 큰소리를 낼 수도 있고 점진적으로 큰 소리를 낼 수 있다. 충동적인 말들은 직설적이므로 공격적으로 빠르게 날카롭게 뱉을 수도 있으며 대사를 마구 지를 수 있다.

20. 대사 -> 인물이 과거에 반복적으로 했던 말인가? 준비한 말인가? 인물이 자신이 경험한 과거를 말하는가?

21. 과거에 반복적으로 했던 말들을 또한 경우 무감각하게 말할 가능성이 크다. 처음 했을 때 상대에게 목적 달성을 실패했기 때문일 것이다. 그렇지 않을 경우 반복 횟수에 따라 그 말들을 점점 더 강조해 말하려 할 것이다.

22. 1! 2! 3! 더 강조하되 다양하게 강조됨이 효과적이다. 약! 중! 강! 강도를 더해보면서 연습하되 행동과 하나가 되어 강조되어야 효과적이다. (빌드업시켜라.) 준비 한말은 효과적으로 설득하기 위해 하는 말로 이성적이며 논리적으로 말하기 위해 딱딱하거나 정확하게 구사하려고 노력할 것이다. (똑똑하게

말하려는 사람의 모습처럼) 자신이 경험한 과거가 어떠한 상황이냐에 따라 그 상황으로 다시 들어가 다시 경험하며 디테일하게 표현하며 말하면 효과적이다. (감성적이고 감정적일 수 있다. 다양한 화법을 구사한다. 과거의 구체적인 상황으로 타임머신을 타고 돌아가 다시 경험하며 상대에게 전달해봐라.)

Q. "화술 [주는 말, 갖는 말, 떠올리는 말]"

1. 대사를 이해했다면 말로 표현을 효과적으로 전달할 수 있는 방법을 이해해야 할 것이다. 이 방법은 발성과도 연관된다. 일단 말을 말로 써가 아닌 나의 또 다른 '신체'라고 상상해보자. 말(소리)로 걷고 뛰기, 점프, 앉고 누울 수(눕기) 있어야 한다.

2. 소리를 앞으로 내보낼 것이냐 밑으로 내려 보낼 것이냐 위로 올려 보낼 것이냐 등. 소리는 방향성을 갖고 있다는 것을 인식하고 자유롭게 원하는 방향으로, 원하는 속도로, 원하는 거리만큼 소리(말)를 낼 수 있어야 한다. 나는 학생들이 쉽게 대사(말)를 자유롭게 할 수 있도록 크게 3가지로 압축하여 설명하고자 한다.

3. 상대방과의 대화(대사)에서 주는 말,갖는 말,떠올리는 말을 활용하여 말해보자.

주는 말

　(앞) 마치 충동, 총알 발사, 표출해야만, 빠르게 다가가야만 할 것과 같은......

: 자신의 생각을 결단, 또는 주장하는 말로써 상대방을 향하므로 소리의 방향은 앞이다.

자신의 생각을 미리 정리한 말들을 준비한 상태에서 강력하게 주장하거나 생각과 판단을 거치지 않고 자신이 받은 자극을 즉시 충동적으로 소리치는 말로써 내뱉을 때 많이 사용된다. 욕설, 상대에게 위협적인, 공격적 인말, 놀라게 하다 등도 주는 말에 포함된다.

주는 말에 소리의 거리감(에너지)에 따라 소리의 형태는 대사(말)의 내용에 따라 일직선의 형태, 불규칙한 직선의 형태이거나 변형될 수 있겠지만 포괄적으로 소리의 방향을 주는 말 글자 그대로 생각을 앞으로 주면 된다. 내 얼굴 앞 또는 상대의 얼굴 코까지라고 설명하고 싶다. 그 이상 앞은 배우의 생각과 판단에 다르다. 주장하거나 질문하는 대사에서 많이 사용된다.

상대를 적극적으로 설득하기 위해 많이 사용된다. 상대를 자신이 원하는 목표대로 설득해야 하므로 적극적일 수밖에 없을 것이다. 주는 말은 연기의 활력을 준다. 지금 바로 해봐라. 너! 죽일 거야! 보편적으로 말 잘하는 사람은 주는 말을 자유롭게 활용하며 연기적으로 발성의 힘을 필요로 한다. 말로 상대의 뒤통수를 관통하거나 상대의 허를 찌르게 하는 주는 말이다. 자신이 원하는 상대의 반응을 끌어내기 위한 말로써 상대의 생각과 의견을 민감하게 고려해야 한다. 그렇지 않으면 당신의 연기는 절제를 할 수 없는 감정적인 사이코로 소리만 지르다 끝날 수 있다.

갖는 말

(밑) 마치 자기 최면, 감성적이며 이성적인, 총알 장전할 때의 의미심장한, 명언, 감동, 소중한 신중한, 가슴의 말을 할 때와 같은......

: 혼잣말을 할 때와 같은 유형, 상대를 변화시키기 위해 상대의 반응과 의견을 고려하는 주는 말과는 달리. 누가 뭐래도 자신의 확고한 생각(결과, 자신만의 진실)을 자신을 위해 얘기할 때 많이 쓰인다.

상대는 이 갖는 말을 듣고 인물의 진실(동정심)을 느끼거나 인물의 상태를 파악한다. 관객도 이 갖는 말을 통해 보통 공감과 감동 극 중 인물의 상태를 이해한다. 보통 갖는 말의 소리는 가슴 공명으로 소리를 내줘야 효과적이라고 얘기하며 소리의 방향은 가슴을 향한다고 학생들에게 설명하지만 개개인마다 자신이 더 효과적인 곳을 생각하고 소리 내도 무관하다.

 어찌 됐건 방향으로 굳이 표현하자면 중심이자 밑이다. 지금 바로 나라고 입을 밑으로 벌린다고 생각하고 가슴으로 소리 낸다고 생각하고 나라고 말해봐라.

 총알을 하도 맞아 죽기 1분 전에 태극기를 보며 하는 말이라고 생각하고 말해봐라.

 나는 자랑스러운 태극기 앞에 조국과 민족의 무궁한 영광을 위하여... 너! 죽일 거야! 나는 자랑스러운 태극기 앞에 조국과 민족의 무궁한 영광을 위하여...

 주는 말로 너! 죽일 거야!

 갖는 말로 나는 자랑스러운 태극기 앞에 조국과 민족의 무궁한 영광을 위하여... 을 나눠서 해봐라.

 소리가 앞으로 나가고 밑으로 내려가고를 인지하면서 연습해봐라.

떠올리는 말

 방향은? 내가 지금 연상하여 집중하고 있는 대상을 따라간다.

Q. "말(대사)의 상황을 경험한다."

: 과거를 이야기할 때 과거를 떠올린다. 어떤 상황을 설명할 때 상황을 떠올린다. 자신의 집에 있는 냉장고 안을 구체적으로 설명할 때 아랫칸 우측에 있는 음료수를 설명할 때 소리는 우측 아래로 향한다.

다시 위칸의 얼음을 설명할 때 소리는 위로 간다. 이처럼 자신의 상황을 경험하며 집중이 머물러 있는 대상의 방향, 위치에 따라 소리의 방향은 자유자재로 따라가게 돼있다. 먼 거리의 대상은 소리가 멀리 따라가며 집중의 대상 (이미지 전환)이 빠르게 바뀌면 소리의 방향도 빠르게 바뀐다.

시선도 마찬가지다. 제스처도 마찬가지다. 몸의 방향도 마찬가지다. 상황을 실제로 경험하며 정신과 신체가 모두 상황을 경험하며 설명하는 대상의 초점 (반응)에 맞춰진다. 그렇게 되면 소리는 불규칙한 사실적인 생동감 있는 운율을 만들어 낸다.

신체 변화도 마찬가지다. 바쁘게 민감하게 집중해야 하므로 자의식은 당연히 사라진다. 상황에 몰입하고 있는 것이다. 청소를 하려고 청소기를 찾으러 가고 밥을 먹으려고 프라이팬을 찾으러 가는 것과 똑같다. 소리도 마찬가지인 것이다. 지금 일어나서 눈앞에 자신의 냉장고를 만들고 냉장고를 손가락으로 위치를 설명하며 소리의 방향에 주의하며 연습해봐라.

Q. "대사의 상황. 경험할 것인가? 평가할 것인가?"

1. 대사가 있다. 그냥 뱉는다. 당신은 불합격일 것이다. 반드시 대사의 상황, 전 상황을 재경 험해라.

2. 우리는 어떤 말을 할 때 목적을 갖고 자신이 겪은 상황을 대입하여 말하고 행동한다.

3. 예를 들면 물이 먹고 싶다는 목적을 갖고 있다면 자신이 이제껏 얼마큼 목이 말랐는지 물 한 모금 못 먹고 얼마나 바쁘게 많은 일들을 했는지 열거하여

설명한다.

4. 여기서 배우라면 이 흘러온 과정을 생생하게 전달할 수 있어야 한다. 그래야 상대나 그 모습을 보고 있는 관객(심사위원)은 물을 먹고 싶다는 목적이 타당하다고 생각되어 물을 주게 된다.

5. 이 과정을 전달하는 것(표현)은 마치 지금 다시 상대의 눈앞에 그 경험을 생생하게 겪는 것 (재경험)이다. 보통 이 재경험한 과정을 과장되게 뻔하게 겉핥기식으로 간단하게 전달한다거나 내적으로 느낌(몰입) 없이 제스처 몇 가지만으로 처리해버려서 문제가 된다.

6. 과정을 보여주는 과정에서 공감을 일으키고 감동을 준다. 말하는 과정에 진심으로 지혜롭게 전략적으로 최선을 다하는 자만이 진심을 얻을 수 있다. 이 과정이 바로 비트, 전술 구사 과정이다. 즉 목적을 이루기 위한 방법이다. 이 과정을 어떤 것에 중점을 두고 어떻게 겪을 것인지 그 모습 (배우 각 개인)에 따라 인물의 모습(성격)은 다르다. 매력적인 배우는 당연히 매력적인 전술을 구사하여 보여줄 것이다.

16. 연극영화과 오디션 합격 노하우

Q. "지루한 연기를 방지하는 자기 연기 평가 : 모니터링?"

- 지루한 연기의 형태

1. 부정적 , 규칙적, 안정성, 일관성, 자동화, 기계식, 수동적, 비관적, 체념하듯 등 한 가지에만 몰두한다.

2. 말의 뉘앙스(화술)는 시낭송처럼 떠올리는 말들의 반복적 향연

3. 행동 동사는 설명하다의 패턴을 주로 사용한다.

4. 한 가지 또는 두 가지 정도의 단순한 감정을 사용한다.

5. 누가 봐도 쉽게 따라 할 수 있는 표정, 말, 동선, 감정표현 또는 몸에 힘이 없다.

6. 근육의 수축, 고통을 견뎌내고야 말겠다는 강한 의지가 없다. (몸에 힘이 없다는 말과 같은 말)

7. 음성이 안정적으로 들리긴 하나 호흡(들숨, 날숨)이 들리지 않는다.

8. 이성적이기만 해 목소리(발성, 화술)는 좋다는 칭찬은 받을 수 있다.

"지루한 연기를 하는 나의 원초적 마인드부터 뿌리 뽑아라 "
'이게 나야! 나는 현재의 나를 지키고 싶다.' (x)
 지루한 연기? "아집을 버려라! "

아집[我執]

생각의 범위가 좁아서 전체를 보지 못하고, 자기중심의 한 가지 입장에서만 사물을 보고 문제를 해결하려는 사고방식을 말한다. 즉, 자기를 세상의 중심으로 삼는, 자기에게 집착하고 자기를 내세우는 모든 생각과 마음이 아집이다. 아집은 과거의 성장 배경과 생활환경에 따라 길들여지고 습관화된 마음의 틀이므로 한번 아집에 빠지면 그것을 깨닫기 전까지 계속 굳어져 가는 경향이 있다. 아집에 사로잡히면 사고가 객관적이지 못하고, 공정하지 못하며, 폐쇄적이 된다. [네이버 지식백과] 아집 [我執] (Basic 고교생을 위한 사회 용어사전, 2006. 10. 30., ㈜신원문화사)

똑같은 방법을 반복하면서 다른 결과가 나오기를 기대하는 사람은 정신병자다. - 알버트 아인슈타인

우리는 반복된 일상에서 항상 똑같이 실천하는 나의 모습(행동)을 돌아보고 지루함을 느낀다.

Q. "지루한 연기 반복"

1. 우리는 새로운 것에 도전하고 싶어 하거나 두려워한다.

2. 도전에 성공하기 위해 수많은 시행착오를 겪으며 보완하고 개선하는 과정을 겪는다.

3. 우리는 그 과정 속에서 결국 성공하게 된다. 물론 실패할 수도 있다. 실패는 또다시 도전을 만들어준다.

4. 그 값진 성공이라는 결과를 만들어준 과정(방법)들은 나 자신의 뿌듯한 무기(방법)가 된다.

5. 그 무기를 언제든 사용하기 위해 나에게 무의식적으로 자동 보존된다.

6. 이 자동으로 보존된 방법(무기)은 새로운 도전을 할 때 자신도 모르게 그대로 사용된다. 즉 자동화된다.

7. 마치 휴대폰의 잠금화면 패턴을 처음 설정할 때 까먹지 않기 위해 반복해서 패턴을 그려본 것처럼 우리의 모든 판단과 행동은 나도 모르게 패턴화 된다.

8. 더 좋은 연기를 만들기 위해선 더 좋은 방법을 끝없이 모색하고 실행하면 더 좋은 연기는 끝없이 탄생한다.

9. 즉 새로운 도전에는 또다시 새로운 방법(과정)이 필요하기 마련인데 나는 '그것(목적)을 예전에 이미 해결(극복)하는 기술(방법)을 터득했다!'라고 생각하고 자만(현실에 안주) 하기 때문이다.

10. 이제껏 힘들고 고통스럽게 기술을 터득해서 내 나름대로 목적을 잘 이루었다고 생각하고 있는데 이게 "전부가 아니라고? 더 좋은 방법이 있다고? 나보고 다시 또 그 힘들고 고통스러운 과정을 통해 새로운 기술을 습득하라는 거야?" 하며 귀찮아. 지금도 충분히 괜찮아. 안도, 안정, 만족하며 변화를 원하지 않는다.

11. 이러한 이유로 자신의 성격, 행동, 가치관등은 변화하지 않는 학생들이 대부분이다. '있는 거나 잘 지켜야지... 하던 거나 잘해야지...' 라며 괜히 새로운 시도를 했다가 겪게 될 실패가 두려워 자신도 모르게 자기 위안을 한다. 새롭게 시도하지 않기 위한 자기 합리화를 하고 현재의 방식으로 실행하고 있는 모든 것들을 고집하고 지키려 한다. 바로 아집이라는 것을 끝없이 만들기 때문이다. 아집을 버려라. 새로운 좋은 방법을 끊입 없이 고민하고 시도하라.

Q. "지루한 연기 예방"

(1) "그게 전부가 아니야! 원하는 목적을 이루기 위한 더 좋은 방법이 아직 남아있어!"라는 마인드를 가져라.

(2) 변화 = 새로운 시도, 새로운 방법으로 실천이라는 원리를 이해해야 한다.

(3) 우리는 새로운 것에 열광한다.

(4) 연극, 영화, 드라마 속 배우들의 말하는 모습을 볼 때도 마찬가지고 학교 다닐 때 교장선생님의 일정하고 늘어지는 말투도 마찬가지다. 숙면에 좋은 음악은 끝없이 일정하게 반복되는 형태의 멜로디다. 우리는 일정한 것 규칙적이고 반복적인 것에 안정감과 편안함을 느끼지만 이것이 오래 지속되면 감각은 스위치를 끄고 하품 나오는 지루함을 느끼게 된다. 결국 당신은 자야 할 것이다.

(5) 그래서 우리는 변칙적이고 변형된 형태 이제껏 보지 못했던 새로운 형태에 흥미를 갖는다.

Q. "일관된 캐릭터를 만들지 마라?"

1. 자신의 관점만으로 보지 마라.

2. 다양하고 폭넓은 관점으로 단어와 대사에 의미를 부여해라. "캐릭터를 만들지 마라? 일관성에 갇히면 변화할 수 없다."

3. 자신의 내뱉을 대사들을 분석하다 보면 자신이 어떤 사람인지 일관적으로 성격이 만들어지는 부분이 생기는데 이것이 인간의 성격의 특성인 일관성이다.

4. 사람의 성격은 시간과 상황에 따라 변하기도 하지만 과거로부터 축적돼 온 경험에서 습득되거나 추구해온 성격과 행동양식들로 인해 인물의 개성과 습관, 버릇을 만들어내고 꽤 안정적인 인물로 창조할 수 있게 되는데 이것이 인물의 일관성이라고 말할 수 있다.

5. 인물의 일관적인 성격과 행동을 부분적으로만 배우가 표현했을 때 드러나는 특징적인 부분들을 우리는 캐릭터라고 보통 지칭한다.

6. 성격과 행동양식들을 분석해야만 배우가 움직이면서 인물을 말과 행동으로 연기할 수 있는데 성격과 행동양식을 대사 속에서 분석해내는 방법은 '대사의 갈등 속에서 선택하는 인물의 방법과 과정'들을 보면 알 수 있다.

Q. "끊임없이 새로운 것을 <u>발견</u>해라?"

1. **익숙함은 감각을 둔하게 만든다.** 매일 반복적인 일상 속에서 인간의 모든 행동은 멈출 수 없는 시곗바늘처럼 일사천리로 진행된다. 이미 익숙해진 행동들은 아무 생각 없이(무의식적으로) 행동한다. 인간은 행동이 익숙해질수록 그 감각이 둔해진다. ex) 평상시 밥 먹기 위해 젓가락을 집을 때 젓가락의 무게를 느끼는가? 밥 먹을 때 젓가락을 집는 나 자신을 내가 바라보진 않는다. 이미 익숙해졌기 때문이다. 안 하던 새로운 행동을 하거나 늘 하던 행동의 과정을 해부하여 순서대로 한다고 생각하는 순간 (의식하는 순간) 그 행동은 다시 새롭다고 느끼고 경험하게 되며 익숙하지 않은 그 행동은 어색하게 느껴진다.

2. **짜인 대로만 움직이는 기계식 연기하지 마라.** 수동이 아니라 능동적으로 변화를 거듭하라. 능동적인 사람의 연기는 예측을 불허하며 스스로 변화할 줄 안다. 말의 뉘앙스, 움직이는 동선, 제스처를 100% 정했다고 착각하지 마라. 실전에 들어가기 전까지 얼마든지 180도 바꿀 수 있다고 생각하고 순간에 더 새롭게 반응하며 다시 개선하며 더 좋은 방법을 찾아야한다.

3. **5분 전 연습한 것을 그대로 연기하지 마라.** 능동적으로 연기해야 한다는

말은 스스로 표현해낼 줄 알아야 한다는 말과 같다. 반대로 수동적이라는 말은 누군가가 시키는 대로 한다는 말과 같다. 연기는 능동적이어야 한다. 내가 봐야 상대가 보인다. 내가 응시해야 관객의 눈에 상대가 보인다. 결국 상대와 모든 것들은 내가 스스로 만드는 것이다. 모노로그의 경우 중요하다. 눈에 보이는 모든 것들은 처음부터 끝까지 움직이며 언제든 변형될 수 있으며 변칙적인 것을 늘 기억하고 연기해야 한다. 연기는 진실로 사실을 만든다. 메서드 액팅의 개척자 중 한 명이자 뉴욕의 네이버후드 플레이하우스 연극학교의 설립자인 샌 샌포드 마이즈너는 연기를 "주어진 가상의 환경에서 진실하게 사는 것"이라고 정의한다.

4. 새로운 생각 새로운 시도를 즐겨라! 아무것도 하지 않으면 아무 일도 일어나지 않는다. 대사에 빠지지 말고 대사의 상황에서 할 수 있는 것들을 해라. 대사의 늪에 빠지면 빠질수록 할 수 있는 것 없다. 생각의 전환, 무조건 적인 시도가 당신의 연기의 변화를 가져오고 더욱 흥미로움과 사실적인 연기를 만들어 줄 것이다. 연기를 수없이 고치는 것을 즐겨라. 인간은 교육과 학습을 통해 발전하고 더욱 성숙한 인간으로 거듭난다. 무차별적인 실패만이 당신을 성공으로 이끌 것이다.

Q. "지루한 연기를 하고 싶지 않다면?"

1. 대사를 있는 그대로 받아들이지 마라.

2. 대사에 드러나 있는 캐릭터의 행동, 사건에만 몰두하지 마라.

3. 대사에서는 발견할 수 없는 나의 상상력과 본능을 이용해라.

4. 연기에 흥미와 특별함을 더하기 위해 자신의 무한한 상상력을 불어넣어라.

5. 유연하고 다양한 생각들로 감각적으로 연기해라.

6. 사고가 멈추면 경직된 거와 마찬가지다.

7. 캐릭터는 대사에 나와 있는 것과 다르게 예측을 깨는 말과 행동 감정을 표현할 수 있다는 생각을 끊임없이 가져라.

8. 관심을 끄는 배우는 자극에 대한 반응을 독특한 방법으로 나타내 보일 것이다.

9. 나만의 새로운 살아있는 인물로 만들어라.

10. 차근차근 순간의 움직임에 집중하라. 긴장이 풀리고 당연히 움직일 것들이 생기며 말할 수밖에 없는 이유가 생긴다.

11. 익숙한 것을 더 업그레이드해라. 익숙한것에서도 새로운 가치를 발견하라. 새로운 행동을 찾아라. 새롭게 한다는 것. 새롭게 산다는 것. 의미를 알고 끊임없이 발견해내라.

12. "옷 입는 방법을 반복하지 마라." "5분 전 연습한 대로 연기하는가?" 반복을 연기하지 말고 순간을 연기하라. 대사가 익숙해져 버렸는가?

13. "익숙함에 소중함을 잃지 말라." 연기할 때 반복된 연습으로 인해 익숙해져 자극이 무뎌진 상태. 자극이 익숙해져 버려 기계적으로 자극을 받아들이는 과정없이 다음 어떤 행동을 할지 다 알고 연기하게 됨.

14. 새롭게 연기하라. 새롭게 한다는 것. 새롭게 산다는 것. 새로운 행동을 찾아라. 자꾸 익숙해져 감정몰입이 안 된다. "인간은 새로움을 더 원한다. 오직 새로움만이 감각을 깨운다." 익숙한 것에 집중하면 더 소중한 새로움을 얻을 수 있다.

Q. "대사의 상황이 아닌 특정 부분만을 연기하려 하지 마라. 일관된 연기의 이유?"

1. 우리의 기억은 감정을 느꼈던 부분만 기억에 각인되기 마련이다.

2. 당신은 대사를 보고 가장 감정적으로 느꼈던 가장 감정적인 부분을 연기하기 위한 확신으로 가득 차게 될 것이다. 그럼 일어나지도 않은 뒷 대사의 상황을 지금부터 연기하려고 애를 쓸 것이다.

3. 그 부분만을 연기하기 위해 모든 시간을 낭비하지 마라. 당신의 오늘은 어제, 그리고 내일을 위한 날임을 잊지 마라. 대사의 기승전결이 없다는 것은 보편적으로 하나의 감정에 빠져있다고 평가될 수 있다. 유념해라.

Q. "책을 많이 읽어라."

 스타니슬랍스키 시스템이라는 것은 없다. 있다면 오직 진실하고 명백한 자연의 시스템이 있을 뿐이다. 앞으로 나아가지 않는 예술가는 퇴보한다. - 스타니슬랍스키

1. 우리 모두는 늘 새로운 것을 원한다. 지식과 경험이 상상력을 만들고 상상력은 다시 나만의 것으로 새로운 세상을 창조한다. 지겹도록 들었겠지만 배우는 지식과 경험이 풍부하여야 한다.

2. 당신이 똑똑하지 않다면 당신은 바보를 연기할 수 없을 것이다. 역할 중에 멍청한 인물보다 지식과 경험이 풍부한 똑똑한 인물이 많다. 멍청한 역할을 연기할 때도 결국 많은 지식과 경험이 필요하다.

3. 책에서 지식을 습득하고 책으로 경험하기를 즐겨라. 책 읽기를 싫어한다면 좋은 배우가 될 수 없다. 책을 읽기 싫다는 것은 작가가 쓴 대본을 읽기 싫다는 것과 마찬가지다. 배우는 대사를 보면 글자들이 보이는 게 아니라 말하는

게 보이고 눈앞에 움직이는 상황이 펼쳐진다. 대본은 글자로 이루어져 있다.

4. 종이에 누워있는 글들을 인물의 말로 일으켜 세워라. 활자화된 글을 살아있는 말로 구현해낼 수 있는 기술을 길러라. 배우는 글들과 친해지고 글들을 생각과 말들로, 상황으로, 내 눈앞에 살아 움직이는 모든 것들로 바꿔야 한다. 배우는 누구보다 어휘력이 좋아야 한다.

5. 책을 많이 읽어라. 다양하고 많은 지식들이야 말로 다양하고 많은 상상을 만들고 그 상상은 우리의 뇌와 오감을 자극시켜 욕구를 만들어주고 표현하게 만든다. 어떤 책이든 많이 읽고 생각하고 상상하는 능력을 길러라.

6. 대본에 쓰여있는 수많은 단어들의 의미를 이해하고 조합하고 정신과 육체로 표현하고 전달하는 능력이 배우의 능력이다. 대사는 암기하는 것이 아니라 인물과 하나가 되어 인물이 처한 상황을 내가 다시 경험하는 것이다.

7. 저 배우의 연기는 연기가 아니라 '진짜' 같다. 배우는 진짜 같은 연기를 하기 위해 늘 고군분투한다. 진짜 같은 연기를 하기 위해 우리가 알아야 할 일, 노력해야 할 일은 무엇일까?

8. 역할의 대사를 말과 행동, 감정을 표현하기 위해 대사분석을 하고 인물분석을 한다. 예리한 분석력과 사실적이고 매력적인 연기력을 겸비하기 위해 배우는 다양하고 많은 지식을 필요로 한다. 기본적인 연기론은 배우의 밑거름이 되고 뻗어나갈 방향을 제시한다.

9. 당신의 연기에 거름이 될 이 책을 진지하게 읽어주길 바란다. 연기란 정답이 없다. 누구의 삶이 가장 성공한 삶인가? 성공의 척도는 개인마다 다르기 때문에 쉽게 평가될 수 없다.

10. 결국 내 책의 내용도 연기의 정답도 해법도 아니다. 당신의 연기하는 삶을 조금 더 발전시키고 싶은 나의 노하우. 즉 당신을 변화시키고 싶은 내 '의

지'이자 '목적'일 뿐이라는 것을 알아줬음 한다. 당신의 연기력을 발전시키기 위해 다양한 연기 책들을 읽어라!

10. 반드시 끝까지 꼼꼼히 읽고 자기 것으로 만들어라! 또 몇 장 읽다 처박아 둘 것인가? 이 책을 끝까지 읽으며 모든 내용을 흡수하겠다는 다짐을 했는가?

11. 다짐은 각오, 집중, 의지, 끈기, 열정이라는 단어들과 함께 실천해야 다짐을 지켰다고 말할 수 있다. 이 다짐을 실천하기 위해선 지금! 당장! 즉시! 행동해야만 한다!

Q. "구체적으로 '이해'했는가?"

1. 이 책 또한 구체적으로 이해해야만 자신의 연기에 구체적으로 활용할 수 있다. 이 책을 읽고 자신만의 연기 노하우를 다시 만들어라.

2. 그러기 위해선 각 페이지마다 내용을 읽고 떠오르는 것, 인상 깊고 새롭게 알게 된 내용을 자신이 이해하기 쉬운 내용으로 재해석해보기 바란다. 짧은 한 줄이라도 좋다. 각 내용마다 서평을 써라. 읽고 이해하고 자신의 생각을 쓰고 말해봐라. 그리고 연기에 반드시 적용해봐라.

3. 책을 읽고 다시 자신만의 방식으로 글로 쓸 수 없다면 누군가에게 구체적으로 알려주지 못한다면 구체적으로 이해하지 못한 것. 구체적으로 이해하지 못했다면 구체적으로 실천하지 못할 것이다.

4. 대사는 '분석'이라는 과정을 통해야만 구체적으로 이해하게 되고 역할을 이해하는 과정을 통해 역할과 혼연일체 된다. '분석'이라는 과정은 마치 신체 내부를 해부해 각 신체 구조를 구체적으로 이해하는 과정과 같다. 대사가 내 상황, 대사가 내 말이 될 때까지 먼저 대사를 구체적으로 이해하라. 대사를 내가 다시 내 것으로 은유하여 연기하는 것만이 나의 생각을 동반한 가장 사실

적이고 매력적인 연기이다.

5. 대사를 이해하지 못했는데 어떻게 행동할 수 있겠는가? 구체적으로 이해하지 않고 대충 연기하고 있지 않은가? 대사를 이해하고 싶다면? 대사 속 인물이 처한 상황을 지금 내가 처한 상황으로 받아들이고 진실되게 체험하는 과정을 겪어라!

6. 구체적으로 '이해'하지 못하면 '실천'(행동) 할 수 없다. 구체적으로 대사를 이해하고 싶다면? 예) hello~! 를 안녕~!으로 번역하듯 오직 나만을 위한! 나만의 것들로 번역, 대체, 대입, 연관, 연상해라.

Q. "연기란 무엇인가?"

1. 연기란? 행동이다. <u>외부에서 받은 자극에 대해 인간이 의지를 갖고 움직이는 반응들이다.</u> 여기서 의지란 목표를 이루기 위한 의지가 된다. 즉 연기는 목표를 이루기 위해 자극받고 반응을 수반하는 과정. 바로 우리의 삶 그 자체다. 목표, 사람, 장애물, 노력, 기대감으로 우리는 살아가고 있다. 이 요소들의 원리를 이해해야 한다.

2. 인간은 삶 속에서 자신만의 크고 작은 목표들을 이루기 위해 수많은 장애물을 수없이 만나며 장애물들을 극복하기 위해 다양한 사람들을 만나며 다양한 노력을 하며 목표를 이룰 수 있다는 기대감을 갖고 도전하여 비로소 목표를 이룰 때도 있고 때론 실패하며 다른 목표로 바뀌기도 하며 다시 도전하기를 수없이 반복하며 살아간다. 배우 또한 마찬가지다.

3. 배우라는 목표를 이루기 위해 수많은 실패와 역경을 딛고 다양한 사람들을 만나 배우고 다양한 노력을 통해 배우라는 꿈을 이룬다. 삶의 과정들을 깊이 이해하려 하면 할수록 연기 또한 잘할 수 있을 것이다.

4. 대사는 반드시 맞서야 하는 우리의 인생. 어떻게 살아야 할 것인가? 더 나아가 어떻게 잘 살아야 할 것인가? 어떻게 행동할 것인가? 어떻게 행동해야

좋은 결과를 낳을 수 있을까? 끊임없는 고민과 실천(행동)을 통해서만이 원하는 배우가 될 수 있다는 것을 명심하라.

Q. "관찰해라."

1. 연기할 때 상대를 관찰해라.

2. 대사마다 장애물을 넣어라.

3. 장애물 : 목적을 더욱 달성하게 만드는 요소. 몰두할 수 있는 것들을 만들어라.

4. 집중할 것을 만들어라.

5. 집중시킬 것을 만들어라.

6. 미치면 안 보이는 것들도 보인다.

7. 미친다는 것은 집중한다는 것.

8. 배우는 관찰해야 한다. 배우는 다양한 사람들의 인생을 자신의 인생처럼 충실히 살아야 하는 사람이다.

9. 그것이야말로 '진실되게 실제와 같게 잘 연기한다'라고 우리는 말할 수 있을 것이다. 내가 기본적으로 갖고 있는 성향만으로 많은 인물을 창조해낸다는 것은 한계가 있기 때문이다. 이럴 때 필요한 것이 관찰이다.

10. 남을 관찰하고 따라 할 줄 알 거나 남의 특징 특성 행동 의도를 분석할

줄 안다면 나 자신의 연기 또한 변화시킬 수 있는 능력을 갖게 되기 마련이다. 평상시 나와 내가 아닌 다른 사람의 행동을 관찰하고 의도를 파악해보고 기록하여 기억하는 것이 필요하다.

11. 그 기억이야말로 배역을 맡고 연기할 때 가장 유용하게 쓰일 것이다. 관찰일지를 쓰거나 동영상 또는 사람들의 생생한 목소리를 녹음해 두는 것도 효과적이다.

12. 실제로 우리는 사람을 보면 분위기 상황 등 파악하기 위해 순간 관찰부터 한다. 관찰을 하려고 집중하면 오감이 열리게 돼있다. 그만큼 관찰은 중요하다. 연기 시에도 관찰은 필수다. 관찰하고 보고 듣고 반응하는 것이 연기의 시작이다. 집중을 넘어 관찰해라!

13. 감정몰입이 아닌 행동 몰입. 집중해서 몰입되면 역할과 하나가 될 수 있다. "쳐다보는 것을 넘어서 관찰하라." 연기할 때 상대를 단순히 쳐다보는 것을 넘어서 관찰을 해야만이 더 집중하고 몰입할 수 있다.

14. 또한 배우는 다양한 사람들의 인생을 자신의 인생처럼 충실히 살아야 하는 사람이다. 그것이야말로 '진실되게 실제와 같게 잘 연기한다'라고 우리는 말할 수 있을 것이다.

15. 내가 기본적으로 갖고 있는 성향만으로 많은 인물을 창조해낸다는 것은 한계가 있기 때문이다. 이럴 때 필요한 것이 관찰이다.

16. 남을 관찰하고 따라 할 줄 알 거나 남의 특징 특성 행동 의도를 분석할 줄 안다면 나 자신의 연기 또한 변화시킬 수 있는 능력을 갖게 되기 마련이다.

17. 평상시 나와 내가 아닌 다른 사람의 행동을 관찰하고 의도를 파악해보고 기록하여 기억하는 것이 필요하다. 그 기억이야말로 배역을 맡고 연기할 때

가장 유용하게 쓰일 것이다. 관찰일지를 쓰거나 동영상 또는 사람들의 생생한 목소리를 녹음해 두는 것도 효과적이다. 실제로 우리는 사람을 보면 분위기 상황 등 파악하기 위해 순간 관찰부터 한다.

18. 관찰을 하려고 집중하면 오감이 열리게 돼 있다. 그만큼 관찰은 중요하다. 연기 시에도 관찰은 필수다. 관찰하고 보고 듣고 반응하는 것이 연기의 시작이다.

Q. "과정에 최선을 다 해라."

1. "모든 좋은 결과는 좋은 결과를 낳을 수밖에 없는 좋은 과정(원리, 방법)을 갖고 있다." 보통 대사들은 평소에 잘 사용하지 않거나 전혀 의미를 모르는 단어들 투성이다.

2. 자신의 삶과 극 중 인물의 삶은 다르기 때문이다. 당신은 분명 당신이 대사에 대해 아는 만큼만 전달(연기)할 것이다. 연기할 때 극 중 인물이 말하는 대사에 대한 정보가 그만큼 중요하다.

3. 그 정보를 이루는 가장 근본이 되는 것은 대사의 각 단어다. 대사를 이루는 각 단어들의 의미를 정확하게 구체적으로 알고 있지 않다면 그 인물이 원하는 바를 정확하게 구체적으로 전달할 수 없을 것이다.

4. 당신만 알고 있는 어려운 단어를 처음 만난 상대에게 사용하면 그 상대가 쉽게 이해할 수 없듯이 말이다. 영어를 못하는 데 외국인이 당신에게 영어로 말하고 있는 것과 다를 게 없다는 말이다.

5. 대사 속 자신이 모르는 단어를 쉽게 이해할 수 있는 단어로 이해하는 과정, 즉 번역과 같은 과정을 반드시 겪어야만 비로소 극 중 인물처럼 자신이 알고 있는 단어가 되고 목적을 이루기 위해 그 단어를 순간적으로 선택해 말하게 되는 것이다. 또한 지금 이 책이 이해 가지 않는다면 당신은 순전히 당

신이 모르는 단어들 투성이 이기 때문일 것이다. 어휘력을 키워라. 사전을 항상 옆에 두고 대사분석을 해라. 당연히 안다고 생각하는 단어들도 다시 한번 찾아보고 단어들의 의미를 오감(시각, 청각, 미각, 후각, 청각)을 활용하여 새롭게 경험해봐라.

Q. "대사란? 극 중 인물의 말이다."

1. 인물은 목적을 이루기 위하여 말을 한다. 작가는 말(대사)만 써놨지 세밀하게 움직임과 감정 하나하나 보태어 써놓지 않았다. 그래서 우린 대사를 음성적으로 말함과 동시에 몸과 마음을 다하여 애쓰며 말한다. 노력이 필요하다는 것이다. 배우는 자신이 맡은 극 중 인물의 목적을 이루기 위하여 몸과 마음을 다하여 애를 써 대사를 해야 한다. 대사를 할 때 몸과 마음을 다하여 애를 쓰고 있는가?

2. 당신의 대사에서 당신은 사랑하는 사람과 헤어져야 하는 것이 목표(목적, 결과)라면 반드시 그 목표가 되어가는 경로(진행상황)가 있기 마련이다. 대사엔 이미 "헤어져!" 대사(말)로써 결과가 나와있다. "헤어져!"라는 결과가 나오게 되기까지의 경로, 진행상황을 알아야 "헤어져!"를 연기할 수 있을 것이다. 대사를 연기(말)할 때 당신은 어떤 과정과 진행상황이 있었는가?

3. 당신이 당신의 대사를 연기하기 위해선 단어의 의미를 정확하게 구체적으로 이해하여만 가능하다고 다시 한번 강조하고 싶다. 당신이 뱉는 대사가 탄생하게 된 원리 (대사의 취지, 원인, 근본, 목적 등)를 아는가?

ex) "배고파......"라는 대사를 어떻게 연기할 것인가? "배고파......"를 뱉게 되기까지의 원리를 분석해보면

ex) 친구가 먹고 있는 라면을 보고 당신이 그 라면을 함께 먹고 싶어 친구에게 -> "배고파......"를 할 것이다. "배고파......" 당신의 대사(결과)의 원인, 과정, 원리를 생각해보았는가?

4. 우리는 목표를 이루기 위해 방법을 모색한다. 그 방법에 따라 그 목표가 성공이 될 수도 있고 실패가 될 수도 있다.

5. 우리의 대사는 이미 결과에 가깝다. "헤어져!" "배고파……" 대사를 말할 때 어떤 방법으로 말하느냐 다른 남자가 생겼다고 냉정하게 "헤어져!"라고 말하는 방법을 선택할 것인가?

6. 친구에게 윙크를 하며 빙그레 웃으며 애교 섞인 목소리로 "배고파……"라고 말하는 방법을 선택할 것인가? 당신이 대사를 말할 때 당신은 몇 가지 방법 중에 한 가지를 순간적으로 선택하는가?

7. 그리고 선택한 그 방법이 그 목적(대사)을 말할 때 사용할 수 있는 최선의 방법인지를 생각해보았는가? 연기를 못하는 원인은 방법이 없이 결과(대사)만을 내뱉기 때문이다. 다양하고 수많은 도전, 실수, 실패를 통해 문제점을 발견하고 개선하는 과정을 통해 우리만의 좋은 과정을 만들 수 있다.

8. 이것이 우리만의 성공 (좋은 결과) 노하우다. 그러니 두려워 말고 다양한 것을 대입(도전, 시도)해보고 실패를 통해 생각지도 못한 창의적인 것(새로운 발견)들을 얻어라.

Q. "끈기를 가져라!"

1. 연기는 삶. 삶은 모든 것. 모든 만물을 이루는 과정과 원리의 도움을 받아라. 연기자는 미술가 안무가 조각가 가수다.

2. 좋은 결과물을 만들어내는 과정은 모두가 같다는 말이다. 연기를 잘하고 싶다면 반드시 과정(원리, 방법)을 이해하라.

3. 인간 = 배우 and 연기 = 사랑 = 인생. 배우가 연기를 한다는 것은 사람이 성공하는 것과 같다. 연기(성공)한다는 것을 어렵고 복잡하고 대단한 거라고

만 생각하지 마라.

4. 성공하기 위해 오늘의 삶에 더 충실하고 배우는 자신이 맡은 역할의 상황에 순간에 오늘도 충실할 뿐이다.

5. 사랑을 잘하는 사람은 연기를 잘할 수 있고, 자신의 하루에 최선을 다해 사는 사람은 연기를 잘할 수밖에 없다.

6. 온전한 인간, 참다운 인간, 진정한 인간이 되는 것이야 말로 진정한 연기자로 거듭나는 것이다. 더불어 마음만 먹고 도전하지 않고 상상만 하고 있는 모든 사람들에게 지금 바로 실천하지 않으면 아무 일도 일어나지 않는다(어떤 변화도 없다.)고 강조하고 싶다.

7. 어떤 고통도 극복할 수 있는 끈기 그것은 연기에 대한 열정! 내가 연기하는 이유가 있듯 대사 속 인물도 그 대사를 말하는 이유가 반드시 있다.

8. 배우는 대사 한 줄을 연기하기 위해 자신의 모든 것을 총동원한다. 끊임없는 고민을 하며 끊임없이 수정한다. 개선시킨다. 특별한 '끈기'를 필요로 한다. 연기에 대한 열정이 크다.라고 말하는 것은 즉 자신의 변화(발전)를 위해 어떤 고통도 감수할 수 있는 끈기다.

Q. "가치관을 바꿔라!"

1. 인간은 자신에게 '필요한 만큼'만 얻기 위해 노력하게 되어있다. 필요한 만큼 = 가치 / 얼마큼 필요한가 = 얼마큼 가치 있는가? 목표를 이루고자 한다면 그 목표를 이루는 것이 내게 얼마큼 중요한지(가치)에 따라 노력하게 되어 있다.

2. 죽을 만큼 연기하고 싶은가? 절실히 사랑하는가? 반드시 성공하고 싶은가? 어떤 배우가 되고 싶은가? 에 따라 모든 것은 바뀐다. 스스로 가치관이

바뀌어야 한다.

3. 인간은 가치 있는 삶을 살아야 한다. '언제 죽을지 모르는데 쉽게 쉽게 멋 대로 살고 방탕한 삶을 살아야지'하고 사는 것은 어디까지나 본인의 선택이 며 자유다. 하지만 남들이 인정하는 가치 있는 삶은 아니다.

4. 만약 본인이 가치 있게 살고 싶지 않다면 연기하는 것을 당장 그만두는 게 좋다. 아니 어차피 머지않아 못 견디고 그만두게 될 것이다. 연기를 시작하는 건 자유지만 당신은 가치 있는 배우가 되기 힘들다. 내게 특별한 물건은 소중 하고 그만큼 정성을 쏟는다. "

5. 연기가 자신에게 얼마큼 특별한가?" 아무나 시작할 순 있지만 누구나 될 수 없는 것이 배우다. 특별한 가치를 얻기 위해선 반드시 그만한 특별한 고통 이 따른다.

6. 고통을 감수하면서 해야 할 만큼 내게 특별한 가치가 있는 것인가를 자신 에게 질문해봐라. 30초 안에 맞는다고 대답 내리기 힘들다면 더 자신에게 특 별한 가치가 있는 다른 일을 하는 것이 좋다고 감히 추천한다.

7. 어느 순간 연기하는 것에 가치가 없다고 느껴진다면 당신이 해야 하는 모 든 노력은 단순한 고통이 된다. 당신이 하고 싶은 일(가치 있는 일)을 하기 위해선 인내를 갖고 내가 해야만 하는 일, 지금 당장은 하고 싶지 않은 일을 반드시 해내야만 한다. 모든 일이 마찬가지다.

8. 사소한 것 하나하나가 너무 소중하다. 연기를 하는 데 있어서도 가치는 '극 중 인물이 대사의 상황 속 목표를 이룰만한 그만한 가치가 있느냐?'오 배우 본인이 판단하여 믿고 노력하게 된다. 그 가치 있는 노력은 성공을 가져 오게 될 중요한 역할(긍정적 기대감)이 된다.

9. 또한 배우는 항상 자신의 사소한 것들부터 하나하나 특별한 가치를 부여하

며 살아야 한다. 대사 속 상황은 누군가의 특별한 가치가 있는 특별한 삶이기 때문이다. 당신은 지금 얼마큼 가치 있게 살고 사랑하며 연기하고 있는가? 이유, 동기를 잊은 채 행동하는가? 인간은 자신만의 특별한 이유를 갖기 시작하면서 목표를 이루기 위해 절실하게 노력하게 된다. 모든 배우에게도 연기를 할 수밖에 없는 '특별한 이유'를 갖고 있다.

Q. "항상 '왜'를 생각해라!"

1. 이 책을 읽는 학생들에게 말한다. '연기하는 것이 어려우냐? 네가 진정으로 전하고 싶은 것, 진정으로 말하고 싶은 것, 진정 전하고 싶고 말하고 싶은 것이 생긴다면 넌 어떤 방식으로든 전하고 말하려 노력할 것이다.

2. 그럼 어떻게 움직여야 할지 모르는 너의 신체가 보이지 않는 너의 영혼이 당연하게 널 도울 것이며 상대에게 말해줄 것이다. 연기를 어떻게 해야 하는가? 을 고민하는 게 아니라 네가 진정 전하고 싶고 말하고 싶은 것은 무엇이냐를 가슴 뜨겁게 생각해보고 느껴봐라.

3. 왜 시작하게 되었는가? 내가 하려고 하는 이유는? 연기 말고도 무엇이든 시작하게 된 동기부여는 중요하다.

4. 무엇이든 시작하게 만든 동기는 시작하게 된 순간부터 내가 해내야 하는 목표를 만들며 목표를 이루는 것이 힘들고 지칠 때 초심으로 돌아가 시작하게 되었던 동기를 떠올리면 반드시 해야만 하는 나만의 특별한 이유를 만들며 성공을 이루려고 실천하게끔 하는 의지 또한 강해진다.

Q. "절대 멈추지 마라!"

1. "또 내일로 미루거나 중단, 포기하는가?" "시작한 일은 끝을 보라." "네 맘대로 연기 끊지 말랬지!" 연기는 현재 진행형, 계속 멈추지 않고 진행되고 있는 사실. 지금 이 순간이다.

2. 사실과 연기를 구분하는 순간 사실적인 연기와 동떨어지게 된다. 일단 시작한다면 대사가 끝날 때까지 멈추지 말고 진행되어야 한다. 연기를 시작하고 맘에 안 든다고 절대 끊지 마라. 당신의 오늘 하루도 실수 남발이었을 테지만 그 실수가 다시 내일의 발전을 가져다준다.

3. 지금까지 보여준 대사의 연기가 맘에 안 들어도 다음 문장(대사)을 더 잘 연기하면 된다. 오늘 후회되는 것들은 내일 더 최선을 다 하면 된다. 똑같다. 당신도 이 책을 폈다면 끝까지 소중하게 읽고 끊임없이 고민하고 반드시 본인 연기에 적용하여 더 발전된 자신만의 노하우로 만들길 바란다.

4. "절대 멈추지 마라!" 타고난 사람은 꾸준한 사람을 이길 수 없다. 꾸준한 사람은 즐기는 사람을 이길 수 없다. 연기도 마찬가지다. 매일 해야 한다. 연기를 즐겨야 한다. 기록해야 한다. 성실함만이 멈추지 않게 지속성을 만들어준다. 오늘 더 변화하기 위해 성실하게 꾸준히 실천하는 것을 즐겨라.

Q. "늘 변화해라!"

1. 아직도 그 자리에 머물러 있는가? "연기학원 1년, 대학교 4년 그리고 지금, 아직도 변한(발전) 게 없다고 느낀다……" 변화만이 발전을 만든다. 변화를 즐겨라! 변화를 위한 반복을 두려워하지 마라.

2. 개선을 위한 반복은 변화의 시작이다. 연습은 매 순간 실전이라고 생각하고 임해라. 인간은 변할 수 있다. 인간은 변화한다. 끊임없이 쉬지 않고 변화한다. 배우는 연기하는 순간순간 변화하기 위해 분석하고 준비한다.

3. 끊임없이 변화하고 역할로 변신할 줄 알아야 한다. 연기는 변화를 수반하는 과정이다. 인간은 어떻게 변화하느냐에 따라 삶의 질이 달라진다. 배우가 대사를 어떻게 행동하느냐에 따라 역할의 모습은 바뀐다.

4. 멈춤 또한 변화를 위해서만 멈춰라. 변화는 발전. 변화하고 싶은가? 그럼 다시 당연한 것, 단순한 것들(기본, 기초)을 먼저 지키고 충실 하라. 익숙해져

소중함을 잊고 있는 것들을 소중하게 만들며 새로움을 찾는 것이 변화(발전)의 시작이다.

Q. "긍정의 힘!"

1. 긍정의 힘이 모든 행동의 원천이다. "아직도 할 수 없다고 두려움에 떨고 실천하지 못하고 있는가?" "할 수 있다는 기대감과 긍정의 힘을 가져라! 연기는 어떤 방식이든 긍정을 포함한 실천(도전)이다."

2. 화살을 당기기 전에 생각해라. 성공할 것이라고. 성공을 다짐했다면 무조건 당겨라. 결과는 어차피 성공이냐 실패냐 두 가지다. 두려워하지 마라. 실패는 다시 한번의 연습일 뿐이다.

3. 기대감은 할 수 있다는 긍정의 의지. 기대감은 포기하지 않게끔 의지력을 향상한다. 연기할 때 기대감이 없다는 말과 같은 말은 '인물에게 열망이 없다. 에너지가 없다. 너의 연기에 활력이 필요하다.'가 있다. 기대감은 곧 연기에 활력과 생동감을 불어 일으킨다.

4. 우리가 하는 모든 행동은 목적을 이룰 수 있다는 기대감을 갖고 행위하게 되어있다. 반드시 이룰 수 있다는 기대감을 가져라!

Q. "모두 받아들여라!"

1. 배우는 그 어떤 무엇이든 받아들일 수 있는 상태 당신은 악역을 연기할 수도 있다. 수용하라. 받아들여야 긍정이 생기고 긍정이 생겨야 행동할 수 있다. 부정은 행동을 저지시킬 뿐이다.

2. 아직도 인정하지 못하고 받아들이지 못하는가? 틀린 게 아니라 다를 뿐이다! 틀린 게 아니라 다름을 인정하고 이해한다는 것. 나하고 역할과의 다름을

인정하고 마음으로 정성스럽게 대사를 읽을 때 공감이 시작된다. 연기는 다양함의 조화를 이루어야 한다. 연기론은 다양하다.

3. 그 다양한 연기론의 다름을 이해하고 본인의 맞는 옷을 찾아 입어야 한다. 그리고 다양한 스타일의 옷들을 소화해낼 수 있는 능력이 필요하다. 더 나아가 내 옷은 내가 만들어 입을 줄 알아야 한다. 내 옷을 만들 줄 아는 능력이야 말로 역할 창조 능력이다.

Q. "최고의 순간을 연기해라!"

1. 평범한 삶에 집중하지 않는다. 특별한 배우는 특별한 삶 특별한 순간들을 보여준다.

2. 지루한 역할 지루한 대사는 없다. 지루하게 연기해내는 배우만 있을 뿐. 안정감! 여유 있는! 긴장감! 급박한! 역동적인! 다이내믹한! 활력! 갑자기! 예측불허! 반전! 공감! 감동! 다 보고 싶다. 연극, 영화, 드라마의 흥행요소가 아닌가? "오르막이 있으면 내리막이 있다.

3. 기쁨이 있다면 슬픔도 있다." 무엇이든 어떤 목적을 이루려는 과정에는 기승전결 &희로애락이 깃든다는 생각을 구체적으로 인지하고 있어야 한다. 지루한 일상을 보려고 돈을 내고 티켓을 구매하지 않는다.

4. 내가 아니어도 나처럼 이렇게 연기할 수 있다면 당신은 불합격할 것이다. 보통 자신이 굉장히 특별한 인간, 우월한 인간이라고 자만한 채 대사를 연기할 때 특별한 노력을 하지 않는 경우가 많다.

5. 대사가 웃는 거니까 웃었는데요? 대사가 슬프니까 울었는데요? 이 부분은 화내야 하니까 화낸 건데요? 전달되지 않았나요?라고 말한다. 당신을 사랑해서 사랑한다고 말한 건데요? 제 사랑이 느껴지지 않나요?라고 말한다. 당신이 언제든 먹을 수 있는 라면을 왜 우리가 오디션장에서 먹어봐야 한단 말인가?

6. 우리는 진짜 셰프를 찾는다. 우리는 자신만의 노하우가 있는 요리사를 찾는다. 당신이 수많은 경쟁자들 속에서 합격하길 원한다면 당신의 특별한 배우라는 것을 보여줘라. 자신만의 상황과 자신만의 노력을 보여줘라. 그러지 못한다면 당신에게 말하고 싶다. 연기를 취미로 하라고...

Q. "비트란 무엇인가?"

비트는 변화. 변화는 비트다. "인물의 변화를 최대한 많이 발견해야 한다. "

1. 초목표를 이루기 위한 방법(전략)이 바뀌는 단락

2. 세부 목표가 바뀌는 단락

3. 집중하고 있는 화제가 바뀌는 단락.

4. 감정이 변화되는 단락

5. 행동이 변하는 단락

6. 말의 의미, 의도 (대사의 내재된 의미 : 서브텍스트)가 달라지는 단락

7. 말의 화두, 말 (생각)의 초점이 바뀐다.

8. 시선과 동선이 바뀐다. 내적 독백이 만들어진다

9. 행동 동사의 한 형태로 표현되며 행동 동사(방법, 전략)가 바뀌는 것이 비트(생각)가 바뀐다고 보통 말한다.

10. 비트는 반드시 표현되어야 한다.

11. 비트가 각 대사의 의도이기 때문이다. 의도 없는 말은 단 한마디도 없다.

12. 우리는 대사를 표현하는 것이 아니라 대사의 의도를 표현해야 한다.

13. 대사의 비트가 없다면 당신은 인물이 대사를 왜 말하는지 분석을 하지 못한 것이다.

14. 각각의 비트(단락)들은 씬의 주요 사건으로 연결되고 또한 그것에서 파생된 작은 사건들은 반드시 관객이 이해할 수 있는 비트로 표현되어야 제대로 스토리가 전개될 수 있다.

Q. "초목표와 세부목표"

1. 비트의 전환은? 비트를 다양하게 구사할 수 있는가?

2. 비트는 상대를 의식하며 구사한다.

3. 비트를 표현할 수 없다는 것은 상대에게 생각이 없다는 것이다.

4. 비트가 한정되어 있다면 상대에게 드는 생각이 별로 없다는 것과 마찬가지다.

5. 당신의 연기가 감정적이기만 한 이유도 보통 비트 구사를 감정 적으로만 해서 그렇다.

6. 상대가 중점이며 6하 원칙에 의거하여 비트를 다양하게 상대에게 구사할 수 있다.

7. 무대 연기, 독백 연기의 경우 비트 표현

8. 무대 연기, 독백 연기의 경우 적극적으로 구사하는 게 효과적이다.

9. 무대 연기, 독백 연기의 경우 카메라 연기보다 외면으로 드러내는 게 보는 이로 하여금 실감 나며 흥미롭다.

10. 무대 연기, 독백 연기의 경우 관객에게 전달되는 크기와 거리를 감안해서 표현되어야 한다.

11. 카메라 연기의 경우 비트 표현

12. 카메라 연기의 경우 어떤 식으로든 움직임 그것은 매우 미묘한 움직임일 수도 있다. 침을 삼키거나 심지어는 눈꺼풀을 깜박이는 정도일 수도 있다.

Q. "다양한 노력(전술, 변화) / 비트가 필요한 이유"

1. [다양한 노력] - [비트]하고 연관되는데 "이 사람이 얼마나 진심이면 이것저것 여러 가지 자신의 모습 전부를 다 꺼내놓느냐"로 해석될 수 있다.

2. 한 가지 노력은 신빙성을 떨어뜨린다. 사람마다 믿게 되는 데이터(사람의 모습, 동사)의 종류가 다르기 때문이다.

3. 예를 들면 부드럽게 말함에서 진심을 느끼는 (인정하는) 사람, 박력 즉 강하게 어필 강하게 호소에서 그 사람의 진심을 믿는 (인정하는) 사람, 논리적으로 장황하게 말 잘하며 설명하는 모습에서 진심을 믿는 (인정하는) 사람 등 다 믿고 설득되는 사람의 모습이 다르기 때문이다.

4. 또 예를 들면 그 사람이 좋아하는 장르라고 생각하면 될 것 같다.

5. 누구는 액션을 누구는 멜로를 누구는 코미디를 누구는 힙합을 누구는 발라드를 누구는 댄스를 이렇게 각자가 개인이 선호하는 장르가 다르기 때문이다.

6. 다양한 전술(장르)을 구사하여 그 사람을 매료시켜야 하는 이유이다. 물론 그 사람을 사전에 알면 백전백승하겠지만 대사는 그 상황 그 순간을 내포하기 때문에 대사에 나와있는 대로 우리는 각 인물이 취하는 방법대로 에 최선을 다해야 한다.

7. 물론 그 각 인물이 취하는 방법 안에서도 다양한 노력 (전술)을 구사해내는 것이 배우의 능력이다. 기억해라.

8. 각 대사는 각 상황이다. 우리는 일부러라도 비트를 구사해야 하지만 대사 속 인물은 각 대사 각 상황에 이미 최선을 다하고 있는 적극적인 인물이다.

Q. "매력적인 연기란?"

23가지 연기 (행동, 행위)의 형태 또는 그 반대의 과정
: 변칙 – 변형 – 변화의 형태

#. 매력이란? 국어사전 [명사] 사람의 마음을 사로잡아 끄는 힘.
#. 다양성이란? 국어사전 [명사] 모양, 빛깔, 형태, 양식 따위가 여러 가지로 많은 특성

1. 긍정적인
2. 다양한
3. 변칙적인
4. 변형적인
5. 변화적인
6. 불안정하지만 안정하려 하는

7. 능동적인

8. 갑자기 일어나는

9. 충동적인

10. 큰 에너지 지지만 절제하려는

11. 집중적인

12. 활력적인

13. 활발한

14. 적극적인

15. 촘촘한

17. 세밀한

18. 안정적이지만 불안한

19. 이성적이지만 감성이 솟구치는 또는 그 반대

20. 절제하려 하지만 욕구가 솟구치는 또는 그 반대

21. 과감하지만 차분하려 하는 또는 그 반대

22. 직감적이지만 논리적인 또는 그 반대

23. 본능적인

Q. "매력적인 연기를 하는 사람"

(1) 매력적인 사람은 보편적이지 않은 표현을 한다.

 즉 자신만의 개성 넘치는 표현을 추구한다. 그 인물은 지구 상에 한 명뿐인 독보적인 존재이기 때문이다. 슬픔을 슬픔으로 표현하지 않는다. 슬픔 속에서 어이없음에 웃음을 유발하기도 하며 너무 슬픈 나머지 자신의 현실을 순응하지 못하고 화를 낼 수도 있다. 자신의 대사를 처음부터 끝까지 눈물을 짜내며 애원하듯 대사를 질질 끌며 말하고 있지 않은가?

(2) 반대로 표현해라.

그다음 내면 깊이 반대로 표현할 수밖에 없는 이유를 찾아봐라. 너무 슬픈 나머지 자신의 현실을 자축이라도 하듯 큰 박수를 치며 미친 듯이 웃다 눈물을 흘리는 반어적 표현이 나올 수도 있다.

(3) 단순한 대사도 생생하게 세밀하게 작게 구체적으로 표현하려고 노력한다.

호흡, 자세, 마임적 행동, 제스처, 시선, 걸음걸이, 대사의 뉘앙스 등 더 인물에게 맞추려고 노력한다. 매력적인 인간은 자신이 처한 상황에서 자신의 목표를 이루기 위해 자신의 호흡, 자세, 마임적 행동, 제스처, 시선, 걸음걸이, 대사의 뉘앙스 등을 자유롭게 효과적으로 사용하는 사람이다.

(4) 매력적인 연기는 다양성을 동반한다.

4-1. 당신은 다양성을 갖고 있는 매력적인 사람인가?

여러 가지의 장르를 넘나드는 사람이냐? 고 묻는 것이 아니라 당신이 선택하는 한 가지에도 여러 가지가 복합적(과정)으로 들어가 있냐는 것을 물어보는 것이다. 청국장도 먹고 스테이크도 먹냐고 물어보는 것이 아니라 당신만의 청국장 안에 당신만의 것, 다양성을 넣는 사람이냐 이 말이다. 결국엔 당신이 선택한 한 가지에 어떤 방법으로 최선을 다하는 사람이냐?라고 묻는 게 맞을 것이다.

ex) 김밥 안에 당신은 무엇을 넣을 것이냐? 보기도 좋고 생각지도 못한 것이 들어가 있고 건강에도 좋고 맛도 좋고 먹기도 좋은 정성스럽게 감동을 주는 김밥을 만들어낸 당신은? 매력적인 사람

Q. "당신은 다양한 생각, 다양한 말하기 기술, 다양한 행동, 다양한 감정을 대사에 접목시킬 수 있는가?"

1. 매력적인 연기는 다양성을 갖고 있다. 말하는 기술이 다양하며 생각이 다양하며 행동이 다양하며 감정이 다양하다. 특별하게 들릴지 몰라도 인간은 사실 이렇게 다양한 생각 말과 행동 감정을 늘 동반한다. 사실적으로 연기하기 위한 당연한 노력이라고 말하고 싶다. 다양성은 노력에 의해 발화된다. 발화되면 매력이 생긴다.

2. 다양성은 말 그대로 여러 가지의 성질을 모두 일컫는 것처럼 여러 가지(기술)를 본인이 습득하고 있어야만 순간적으로 다양성(효과적인 기술, 최상의 것)을 보여줄 수 있다. 인간(배우)이 쓰는 수많은 단어에는 자신이 속해있는 상황, 처한 상황, 내 말을 듣고 있는 상대(사람들)와의 관계 속에서 말 + 생각 + 행동 + 감정이 순간적으로 무수하게 많은 의미와 의도를 내포하여 재활용된다.

4-3. 매력적인 연기를 하는 사람은 어떻게 다른가?

 매력적인 연기를 하는 사람은 연기를 잘하는 사람이다? 물론이다. 매력적인 사람은 보편적인 에너지를 넘었기 때문에 그 에너지가 발산되며 느껴진다. 월등하게 또는 뛰어난 것. 어떤 기운. 평범하지 않은 것이라고 이해하면 될 것 같다. 매력적인 사람은 자신의 상황에 임하는 자세부터 다르며 눈빛부터가 다르며 다양한 제스처를 구사하며 표정, 행동이 시시각각 변화한다. 매체연기, 무대 연기 구분을 떠나 표현이 작건 크건 그들의 변화는 마찬가지일 것이다. 그들은 끊임없이 변화할 것이다. 그들은 생동감이 넘칠 것이다.

 그들은 집중을 멈추는 법이 없다. 멈춰있는 순간도 그들에겐 힘이 느껴진다. 아니 아우라가 느껴진다. 어떤 기운이 느껴진다. 그것이 몰입되었다고 증명하는 것일 것이다. 반드시 그들만의 자극과 반응은 무수하다. 우리는 그런 무수한 반응을 주시할 수밖에 없다.

4-4. 매력적인 연기를 하는 사람은 감정을 자유롭게 컨트롤할 수 있다?

인간은 보편적으로 희 노 애 락이라는 크게 4가지 감정을 느끼고 보여주게 되어있다. 감정은 또다시 배우의 여러 행동들을 보며 우리가 어떤 감정 상태 인지 알아채게 되는데 그만큼 다양한 행동 (말 + 생각)을 할 줄 아는 배우(사 람)라면 대사를 연기할 때 반드시 다양성(다양한 감정)을 동반할 것이다. 슬플 때 기쁨으로 승화시키거나 기쁨을 감격스러워 슬픔의 눈물을 흘리거나 화나지 만 웃어넘기려는 것들이 이런 예이다. 한 가지 감정에 빠져 감정의 노예가 되 지 않는다. 매력적인 사람은 변화하는 사람이다.

4-5. 매력적인 연기를 하려면 거꾸로 생각하고 과감하게 도전하고 끊임없이 고민하라.

필자가 말하는 연기 표현의 '다양성'은 인간에게 정립된 고정화된 성격이 아 니라 예를 들어 하나의 과제(목표)를 수행할 때 다양한 방법(노력)을 통해 디 테일하게를 넘어 자신만의 독특한 창의적인 과정을 거쳐 대사가 나온다는 말 이다. 연기는 무조건 과정(생각, 의식의 흐름) 속에서 나온다. 다양한 생각, 의식의 흐름 속에서 신중하게 한번 더 생각, 고민하고 판단하고 과감하게 선 택하고 많은 연습을 통하여 정교하게 세밀하게 정성스럽게 표현해야 한다. ' 세밀하게'라는 단어보다 굳이 '디테일하게'라는 단어를 사용하는 것이 지금 이 순간에 이 글을 읽는 사람에게 더 이해가 잘될 수 있다는 것처럼 말이다. 사 소한 것에 집착하는 까다로운 마인드가 필요하다.

Q. "매력적인 연기? 상반된 요소"

"자신이 느끼는 강렬한 감정과 상반되는 요소를 찾아라!"

1. 내가 대사를 보고 생각하고 관계나 상황을 설정하려 하는 것의 반대적인 생각, 열려있는 생각, 긍정적인 생각 갖기. 유념하기.

2. 인간에게 상반된 요소는 반드시 존재한다. 장면에서 목표를 설정한 다음 동기를 결정하였을 때 그것과 상반되는 것도 연기에 이용할 수 있음을 생각해야 한다.

3. 두 개의 감정이 장면에 공존해야 한다. 두 개가 공존할 때 균형을 이룰 것이다. 흥미를 유발하는 것은 상반된 요소로 인한 갈등 그 자체이다.

4. 우리는 삶 속에서 갈등은 피하고 대결은 멀리하고 고통에서 벗어나 편안한 삶을 살아야 한다고 교육받은 탓이기 때문에 이해하지 못한다. 자신이 느끼는 강렬한 감정과 상반된 요소를 찾아라.

5. 배우는 자신의 편견과 한계를 알아야 상반된 요소를 끌어오고 연기에 이용할 수 있다.

Q. "매력적인 연기? 갈등을 찾아라!"

대사 속에서 인물 간에 갈등을 찾아야 한다. 눈에 보이지 않는다면 내가 대사 외의 것들을 발견해내고 상상하고 찾아서 갈등을 불러일으켜야 한다. 배우는 갈등을 찾는다. 인물 간에 갈등이 없다면 인물 간에 대화는 오고 갈 필요가 없다. 인물 간에 갈등이 서로에게 없다면 각자의 갈등은 다른 곳에 있을 것이다. 갈등을 찾아라. 연기는 많은 갈등을 찾아낼수록 더 흥미로워진다.

예를 들어 종이컵을 집어 종이컵 안에 음료를 마시는 연기를 한다고 가정해보자. 대사에는 맛있다!라고만 쓰여있다. 그냥 종이컵을 집고 맛있다!라고 연기하는 상황의 배우와 돈은 없는데 옆자리에 마음에 드는 예쁜 그녀가 마시고 있는 음료를 먹고 싶어 하는 상황의 배우의 연기는 다르다. 대사에는 이런 상황이 친절하게 설명되어 있지 않다. 심사위원은 이런 자신만의 상황 설정을 만들 수 있고 자신만의 상황 속에서 연기할 수 있는 매력적인 배우를 원한다. 만약 연출가가 원하지 않는 인물의 모습을 만들어내는 갈등 이어도 배우 본인만이 표현으로 드러내지 않고 내적으로만 몰래 갖고 있어도 연기는 자연스럽고 디테일하며 인물의 심리를 더욱 불러일으킬 수 있다. 인간은 자신의 오묘한 생각과 심리를 사람 앞에서 신체적으로 모두 드러내지 않는다. 당신은 그 사람 앞에서 [어떤 사람]으로 보이길 더욱 원할 것이기 때문이다. 그렇기 때문에 유치하다고 생각되는 당신의 심리는 더욱더 감추려고 애쓰려 할 것이다. 당신은 지금 이 글을 읽으면서도 갈등을 느끼고 있을 것이다. 멋있게 진지하게 책을 읽어야만 하는 본인이 만들고 싶어 하는 자신의 이미지와는 다르게 책을 던져버리고 신나는 음악을 듣고 싶어 할 수도 있고 맨 뒷장의 페이지를 보고 싶어 할 수도 있다. 이것이 당신이 만들어야 하는 역할에 불어넣어야 하는 사소한 갈등이다. 그것을 참으려고 하거나 그것을 원하거나 할 때 당신은 그 문제를 해결하기 위해 더욱 최선을 다해 노력하게 될 것이다.

Q. "유머를 넣는 매력적인 배우가 되어라? "

1. 우리는 삶의 곳곳에 유머를 섞고자 노력한다. 사람들은 실제로 심각한 상황일수록 더욱 유머를 발견하려고 노력한다. 편안해지려고 안정감을 되찾기 위해 노력한다. 상대에게 자신의 심각함을 드러내지 않고 싶어 하고 참으려 한다. 목적이 강하게 되면 결국은 보이게 되겠지만. 유머가 없는 연기는 지루하다.

2. 유머가 없어 연기가 심각하다? 대사의 유머를 찾지 못한다는 것은 인물이 목표지향적이 못하고 자신의 고통적인 순간을 순순히 받아들이고 체념한다는 것으로 오류 될 수 있다. 대사 속 인물은 긍정을 원한다. 긍정적인 결과를 갖지 못하기 때문에 맞서는 것이다. 인간은 무엇을 원하는데 갖거나 이루지 못하면 갈증과 감정적 고통이 시작된다. 갈증을 원해서 갈증을 말하고 고통을 원해서 고통스러우려고 노력하는 인간은 없다.

3. 연기에 유머를 집어넣어야 한다. 배우는 유머를 의식하고 유머를 찾아내야만 한다. 유머는 디테일로 만들어 낼 수 있다. 인간이기에 진지한 상황을 받아들이고 싶어 하지 않아 웃음밖에 안 나올 수 있다.

4. 긍정을 불어넣고 부정과 싸워라. 인간은 쉽게 자신의 내면을 드러내지 않는다. 참을 수 있을 만큼 참으면 진실이 나올 것이다. 겉으로 보이는 모습은 한마디로 진지하기만 하지 재미가 없다. 당신의 지루한 반복되는 하루 속에서 당신은 얼마나 재미를 찾을 수 있는가를 다시 한번 생각해볼 필요가 있다. 그 재미를 찾으면 나머진 더 지루하게 느껴질 것이다. 선하지 못해 악이 되는 거지 악하고 싶어 악이 되는 인간은 없다. 꿈과 희망이 없는 인물의 암흑만을 연기하지 마라. 역할도 우리와 마찬가지 꿈과 희망, 욕망 실현을 위해 살아간다.

5. 미친 듯이 웃는 것이 더욱 진지해 보이다 못해 심각해 보이는 이유를 아는가? 뜨거운 감정을 식히려 노력하지 증폭시키려 노력하는 인간은 없다. 이런 충동적인 뜨거운 감정을 환기시켜야만 다음 연기를 예측할 수 없는 상반된 연기가 나올 수 있다.

6. "유머를 찾고 유머를 넣고 유머 (긍정)를 연기하라. "

7. 유머는 농담이 아니다. 유머는 살아있음에 대한 태도, 긍정적으로 극복하고 싶은 욕구, 의지, 치유이다.

8. 유머는 가장 은밀하면서도, 특이하고, 개인적인 인간의 특징이다. 개개인을 구별해주는 것이 바로 유머이다.

9. 유머는 인간이 중요한 것을 구별해내는 방식이다.

10. 다른 사람을 이해하는 능력이 높아야만 차원 높은 유머를 구사할 수 있다.

11. 소통하고 싶은 욕망과 소통할 수 있는 능력이 충분해야만 유머를 구사할 수 있다.

12. 관계에서 경쟁이 무엇인지 알고 즐길 수 있는 배우만이 유머를 구사할 수 있다.

13. 경쟁을 해야 하는 동기를 가져야 한다. 동기가 많을수록, 동기를 훌륭한 유머와 결합시킬수록 더 가치 있는 배우가 될 수 있다.

Q. "시험장 등 퇴장 인사는 사람의 첫인상을 결정한다?"

1. 오디션 합격 등퇴장에서 좌우된다? 입시 실기시험장에서 인사의 중요성은 익히 들었을 것이다. 아래 글들을 읽으며 입시 실기시험장 교수님 또는 오디션장 심사위원들 앞에 서있는 자신이라고 떠올리며 읽길 바란다. "뭐야 나보다 안 예쁜데 합격했네?"라고 생각하는 사람의 경우와 "역시 예쁜 사람만 합격하는 외모지상주의 현실!"이라고 말하는 사람의 경우는 꼭 읽어보길 바란다.

2. 시각적인 측면? 우리는 사람을 보고 내가 좋아할 수 있는 사람인지 평가하는 시간은 그리 오래 걸리지 않는다. 첫인상을 결정짓는 시간은? 빠르게 3초에서 15초 정도면 분간이 가능하다. 이 책을 읽고 집에 가는 길에 횡단보도를 건널 때 오가는 사람들 또는 사람들이 북적거리는 곳을 걸으며 나를 지나치는 사람들을 보며 '저 사람은 별로다 또는 잘생겼다 예쁘다 끌린다'등을 아주 짧은 시간에 순간적으로 판단할 수 있을 것이다.

3. 첫인상이 매력적인 사람의 외모의 기준은? 즉 눈으로 보이는 평가 가능한 것들 키, 헤어스타일, 옷차림, 몸매 (마른 체형, 볼륨감 있는 체형, 근육질, 어깨가 넓다, 팔다리가 길다 등)이다. 심사위원 다수가 좋아하는 기준은 키가 크고 잘생겼으며 예쁜 기준이다. 이 기준은 '에이~ 뭐야 뻔하네'라고 말하면서도 인정할 수밖에 없는 다수의 기준이다. 하지만 아직 실망하긴 이르다. 신은 공평하다는 말이 있듯 이 기준은 다시 정밀하게 세분화되며 다른 기준들이 추가되며 함께 부합되면서 최종적으로 평가된다. 외모는 보편적 다수의 기준과 특정한 소수의 기준으로 나눌 수 있다.

4. 보편적 다수의 기준 vs 특정한 소수의 기준

 보편적 다수의 기준은 말 그대로 키 크고 잘생긴 사람, 예쁜 사람이라고 즉시 평가할 수 있는 기준이다. 특정한 소수의 기준은 말 그대로 특정한 외모를 선호하는 소수들의 기준이다.

ex) 보편적 다수의 기준과 다르게 눈이 작은 것이 오히려 더 좋다.

 키가 작고 귀여워 보이는 사람이 더 좋다. 날씬한 몸매보다 통통하지만 동양적인 매력을 갖고 있는 사람이 더 좋다. 덩치가 크고 늠름한 사람이 더 좋다 등의 특정한 매력을 선호하는 특정한 소수의 기준이다. 실기시험 또는 오디션 시험장은 심사위원이 몇 명이냐 또는 심사위원 개개인이 보는 눈에 따라 다르다.

 오디션의 경우 감독 또는 캐스팅의 가장 큰 영향력을 갖고 있는 자의 기준에 따라 다를 수 있다. 우리는 누가 최종 캐스팅의 결정권을 갖고 있는지 모른다. 나의 첫인상 또는 외모가 심사위원 한 명만이 날 맘에 들어할지라도 최선을 다해 어필해야 한다. 우리는 심사위원 다수의 기준에 부합되어야 수많은 경쟁 속에서 높은 점수를 받을 수 있다. 그러므로 우리는 계속 연구하고 변화하고 매력을 생성하고 발전시켜나가야 한다. 매력 어필은 찰나의 순간 결정되기 때문이다. 태어나 정해진 외모는 어쩔 수 없다. 하지만 외모 외에도 나에게 장착시킬 수 있는 무기는 다양하게 많이 있다. "가장 돈 안 들고 멋지고 예뻐 보일 수 있는 방법부터 하라. "

Q. "체형 변화 (다이어트 운동 – 근육 탄력 있는 몸매, 피부)"

 자신이 키가 크고 잘생겼고 예쁘다는 기준에 부합된다고 하여도 수천명중에 나보다 외모가 뛰어난 사람들은 많다. 그러므로 키와 얼굴은 변화시키기 어려우므로 체형 변화를 위해 운동을 하는 것이다. (너무 말랐거나 어깨가 좁거나 통통하거나 근육이 없어 탄력이 없어 보이는 경우 등) 당연하게 아는 것임에도 체형 변화를 현실로 만드는 이는 몇 명 본 적 없다. 물론 피부 관리도 마찬가지다.

Q. "자세, 걸음걸이 (연기의 시작은 서있는 것, 걷는 것부터다.)"

어깨를 펴고 똑바로 서있는 것과 양팔을 교차하는 것이 튀지 않게 자연스럽게 올바르게 걷는 것이야 말로 내면의 중심을 잡는 것이다.

본인이 돈을 주고 연극을 보러 갔는데 무대에 등장하는 배우의 걸음걸이 자세가 이상하다면? 자신이 유명 호텔을 운영한다면 자세가 구부정하고 걸음걸이가 이상한 직원을 카운터 안내원으로 채용하겠는가?

성형을 고민하고 있다면 자세 걸음걸이부터 돈 안 드는 것부터 교정하고 고민하길 바란다. 역시 지망생들이 무용을 괜히 하는 게 아니라는 것을 알게 될 것이다.

똑바로 서있는 것조차 어설픈 지망생들이 많다. 똑바로 당당하게 서있어 봐라. 연습실을 똑바로 자연스럽게 힘차게 당당하게 부드럽게 천천히 느낌 있게 근육과 골격이 움직이는 과정을 하나씩 느껴보며 멋스럽게 걸어보아라.

Q. "몸의 중심을 잡아라. 중심(시작 점)이 없다면 변화도 없다."

시험장 문을 열고 들어간다. 제일 먼저 보이는 건 걸음걸이와 자세. 무대에 등장하는 모습이라고 상상해보며 걸음걸이를 보고 평가할 수 있다.

소극적인 보폭, 팔자걸음, 오다리, 거북목, 굽은 어깨와 등 자신이 갇힌 우월한 심사위원이 싫어하는 것 투성이다.

첫인상은 일단 비호감! 나에게 주어진 시험평가 시간은 고작 2분에서 5분! 비호감을 호감으로 만회시킬 수 있겠는가?

Q. "걸음걸이로 이목을 집중시켜라."

1. 편안한 걸음걸이는 여유로움을 줄 것이다.

2. 좀 빠르고 보폭이 큰 걸음걸이는 당차다, 자신감, 활력을 줄 것이다.

3. 천천히 정성스러운 걸음걸이는 진지함, 신중함을 줄 것이다.

4. 당신은 어떤 걸이로 심사위원들의 이목을 집중시킬 것인가?

Q. "걸음걸이 팔은 로봇처럼 기계적으로 흔들고 있진 않은가?"

1. 얼굴은 정면 방향이지만 시선은 무의식적으로 땅을 향해 소극적인 느낌을 주진 않는가?

2. 셀프 카메라로 사진 또는 영상을 찍어보고 타인 또는 자신이 꾸준히 평가 점검하며 수정해나가길 바란다.

Q. "오디션에서 웃는 얼굴이 중요한 이유 (긍정의 힘)?"

1. 왜 웃어야 하는가? 웃는 얼굴에 침 못 뱉는다.

2. '마음이 너그러워 보이는 사람, 여유가 넘치는 사람, 착한 사람, 다가가기 쉬운 사람, 대화하고 싶은 사람, 어색하지 않은 사람, 편안한 사람, 기분 좋고 무엇이든 해낼 것 같은 긍정적 에너지를 줄 것 같은 사람' 등이 바로 웃는 사람이다.

3. 자신의 연기가 심각한 상황의 연기라면 인사는 더욱 웃는 게 좋을 것이다.

본 연기에 들어갈 때 역할로 변신하는 효과적으로 반전 매력을 주기 위해서라도 웃는 얼굴은 필수적이다.

4. '웃는 얼굴을 보고 저 학생을 가르치고 싶다.' '저 사람과 영화 촬영을 하고 싶다.'가 결정될 수 있다.

5. 웃는 얼굴은 기분 좋게 만든다. 날 보고 유독 미소 짓는 사람을 보며 날 좋아하는 건 아닐까? 착각하게 만들 정도로 웃음은 날 매력적으로 만들 강력한 무기이다.

Q. "심사위원은 시험을 보러 온 많은 지원자들 때문에 이미 지쳐있다."

1. 심사위원을 기분 좋게 만들어야 하는 건 당연한 것이다. 웃는 얼굴로 어필해봐라.

2. 긴장하면 모든 걸 망친 다는 건 사람들 앞에 서본 사람이라면 다 알 것이다.

3. 심사위원은 웃는 얼굴을 보고 긴장했는지 안 했는지를 우선적으로 평가한다.

4. 연극 무대의 큰 긴장감을 이겨낼 수 있는지 수백 명의 촬영스탭이 바라보고 있는 가운데 연기를 할 수 있는지 심사위원은 많은 사람들 앞에서 여유롭게 연기할 수 있는 강심장 배우를 찾는다.

Q. "긴장에서 벗어나고 싶다면 웃어라."

1. 웃어라. 할 수 있다 할 수 있다 웃으며 긴장을 숨기고 이완하고 호흡을 가다듬고 자신감 긍정의 힘을 순간적으로 키워라.

2. 그리고 시험장 문을 열고 등장하며 사랑하는 사람을 만나듯 웃어라. 물론 심사위원은 긴장을 숨기려는 가식적인 미소인 지도 분간 가능하다. 진심으로 우러나오는 나만의 백만 불짜리 미소, 웃는 얼굴이 필요하다. 연습해라. 눈이 웃어야 하며 광대뼈가 함께 움직여야 진실의 미소를 보여줄 수 있을 것이다.

Q. "발성 : 얼마큼 크게 소리 내 인사할 것인가?"

1. 오디션의 경우 인사 발성은 편안하고 자연스러움을 더 추구할 수 있다. 너무 어필하기 위해 과장되지 않게 하는 것은 중요하다.

2. 자신감은 느껴지고 거부감이 생기지 않을 정도의 발성 즉 목소리의 크기가 필요하다.

3. 우리는 본능적으로 공간을 인지하고 상대와의 거리를 감지하게 된다. 즉 등장할 때 심사위원과 나와의 거리인데 소리의 크기는 심사위원의 뒤통수를 관통해 심사위원 뒤 벽까지 소리를 내면 울림이 생기고 정확하며 또렷하게 전달된다.

4. 사방의 벽을 울리게 하면 (공명) 발성이 좋다는 평을 듣게 될 것이다. 단 지나치게 힘을 주어 또다시 듣기 싫게 되면 비호감이 될 수 있으니 훈련을 통하여 체크하길 바란다.

5. 이것은 무대에서 마이크 없이 연기하는 배우의 발성능력과 발성적 거리감 능력이 있는지를 평가하게 된다. 시험장이 지나치게 울릴 수도 있고 소리가 지나치게 먹을 수 있다.

6. 인사할 때 자신의 음성을 체크할 수 있는 기회이다. 본 연기에 앞서 인사로 먼저 발성적 거리감을 체크하고 본 연기할 때 효과적으로 발성을 자유롭게 구사할 수 있다.

7. 심사위원이 지쳐있고 나에게 관심이 없는 것 같다면 본인을 봐달라고 크고 재치 있게 인사로 외치는 것 또한 방법이다.

8. 크게 작게, 멀리 가깝게 모두 구사할 수 있는가?

ex: 사극 영화 속에서 1000명이 넘는 병사들이 우러러보는 성벽 위에서 그들에게 전달할 수 있는 발성능력을 지니고 있는가?

Q. "인사 순서?"

1. 시험장 문을 열기 전 호흡을 여유롭게 가다듬고 마음가짐과 자세를 정리한다.

2. 크게 웃어보는 것이 얼굴 근육 이완과 마음을 편하게 만들어 줄 것이다.

3. 주먹은 살짝 힘이 들어갈 정도 쥐고 자연스럽게 교차하며 걸어가야 한다.

4. 정면만 응시하며 웃으며 자신감과 여유 있는 표정으로 들어가야 한다.

5. 땅을 보며 걸으면 자신감이 없어 보인다.

6. 잘해보겠다며 입을 굳게 다문 모습도 긴장한 모습으로 오인할 수 있다.

7. 정성스럽게 고개를 숙이고 고개를 든 다음 심사위원을 보고 안녕하십니까

라고 인사하는 것이 효과적이다.

8. 선 동작 후 대사가 집중을 이끄는데 효과적이다.

Q. "심사위원 질문"

1. 심사위원의 질문(기회)을 잡아라! 나를 가르쳐야 하는 연극영화과 교수님, 나와 작품 영화, 드라마, 공연을 함께 만들어야 할 심사위원 (감독 이하) 그들은 짧은 연기로 내 모든 걸 평가하기가 어렵다.

2. 내가 어떤 사람인지가 중요하다. 내가 그들과 작업을 함께 할 수 있는 사람인지 그들은 코치코치 캐물을 것이다.

3. 연기력이 부족했더라도 내가 누구인지 표현할 수 있는 절호의 기회이니 미리 답변을 준비해야 한다.

4. 심사위원의 질문에 단순한 사실만 말하지 말 것

5. 단답형으로 얘기하지 말 것

6. 구체적인 내용과 나만의 유머, 매력, 개성을 담아 얘기하며 답변은 또 다른 질문으로 이어질 수 있도록 유도하는 것이 좋다.

7. 언제든지 바로 대답할 수 있도록 연습하고 답변을 계속 업그레이드해둬야 할 것이다.

Q. "연극영화과 교수님 질문 내용?"

– 전공과 관련된 연극과 영화, 방송에 대한 상식적인 질문
– 입시생에 관한 개인적인 질문과 폭넓은 교양에 관한 질문
– 수험생이 발표한 대사와 준비해 간 것(대사, 마임, 특기 등)에 관한 질문
– 기타 등에 대해 질문할 수 있다.

전공과 관련된 질문

* 연극영화과를 지망하는 뚜렷한 동기나 목적?

* 이 학교를 선택하게 된 이유?

* 가장 인상 깊게 봤던 연극과 영화, 그 이유?

* 좋아하는 연기자와 그 이유는?

* 연극영화과에 입학해서 하고 싶은 분야(전공)?

* 우리나라 연극계와 영화계에 대한 자신의 견해는?

* 연극과 영화란? 차이점은?

* 연극 연기와 영화 연기, 방송 연기의 차이점은?

입시생 개인에 관한 질문

* 졸업생인가? 재수생인가?

* 재수하면서 무얼 했는가?

* 수능점수는 몇 점인가?

* 미래에 어떤 연기자가 되려고 하는가? (미래의 목표)

* 자신의 장점과 단점은?

* 연기하면서 가장 잘하는 것은? 못하는 것은?

* 기획사는 있는가?

* 학교 입학 후의 연예활동은 어떻게 할 것인가?

입시생의 폭넓은 교양에 관한 질문

* 최근 읽고 있는 책은 무엇이며, 그 작가는?

(베스트셀러나, 시집, 교양서적 등)

* 현 사회에서 가장 이슈가 되고 있는 사건은?

(노무현 대통령과 참여정부, 미국의 이라크 전쟁 발발, 코미디 영화의 흥행, 한류 열풍 등 등)

자신이 발표한 대사와 준비한 것에 관한 질문

* 발표하는 대사 중 작품에 관한 질문(작품명, 작가, 작가가 쓴 다른 작품 제목, 줄거리, 주제, 등장인물, 제작연도 등)

* 발표한 대사 중 내용에 관련된 질문(단어와 문장의 뜻 / 무얼 말하려고 하는지? 무슨 행동을 하려고 하는지? 발표한 것과 다른 감정으로 다시 발표해라 등)

* 발표하는 특기(노래, 춤, 마임 등)에 관한 질문

(몇 년을 배웠는가? 누구한테 배웠는가? 등)

- 기타

* 학원을 다녔는가? (어느 학원인가? 무엇을 배웠는가?)

* 연극을 해봤는가? (연극반이었는가? 극단이었는가? 연기훈련을 어떻게 했으며, 무엇을 배웠는가? 공연한 연극 제목은? 어떤 역할을 해봤는가? 등등)

Q. "연기, 대사의 활력이 없는 경우?"

연기가 좀처럼 활력적이지 못하고 축축 처지는 것은 대사를 말할 인물의 욕구가 없다는 것이다. 목표 설정과 의지를 불러일으킬 동기부여 (왜 말하는가?)를 다시 생각해봐라.

Q. "어려움(장애물) 속에서 무엇을 해야 할지 몰입하고 찾게 된다?"

1. 역할로써의 변신은 내 모습으로 시작되지 않아야 가능하다.

2. 나를 내려놓는다. 나를 버린다.라고 흔히 표현하는 것이 그 예이다. 내가

아닌 모습으로 변화하여 시작해봐라. 독백 연기 (혼자 하는 모놀로그 연기)의 경우 변신하는 과정을 전상 황에서 보여주게 (평가받게) 될 것이다.

Q. "대사에 자신의 능력 전부를 담아라."

1. 대사를 보고 떠올리는 상황 속에 나를 마음껏 펼칠 수 있는가?

2. 대사를 보고 상상했던 것들을 얼마큼 실현해내었는가?)

3. 그 상황이 곧 인물을 창조해내기 위해 여태컷 준비한 나의 구체적인 생각 전부이다.

4. 나는 연기할 때 어떤 매력을 보여주는가?

5. 내가 연기할 때 잘할 수 있는 것들은 무엇인가?

6. 대사를 연기할 때 잘할 수 있는 것들을 담아서 연기할 수 있는가?

7. 역할이 표출하는 행동(감정)으로 보이는가? 가 중요하다.

Q. "오디션에서 주목받는 사람은 어떤 사람?"

1. 자립적인 사람
2. 완고한 사람
3. 집요한 사람
4. 독창적인 사람
5. 용맹한 사람

6. 결단력 있는 사람

7. 침착한 사람

8. 의지력 강한 사람

9. 용기 있는 사람

10. 견고한 사람

11. 자기 절제가 강한 사람

Q. "연극영화과 교수님이 원하는 학생"

1. 인사

 지친 교수님들의 활력을 불어넣고 집중시키고 자신 있게 분위기를 압도하는 발성이 큰 명랑한 인사

2. 걸음걸이

 의지력 없고 팔다리 어색하고 어리광, 자의식이 느껴지는 표정과 걸음걸이 X

3. 자세

 서있기만 해도 교수님이 학생의 내적 의식을 시선으로 들여다보고 싶은 '군중 속의 고독'을 느낄 수 있는 무게감 있는 자세

4. 발성

 인사 발성 / 연기 발성 / 질답 발성] 자신의 본래 일상에서의 무의식적으로 대충 뱉는 성의 없는 소리가 아닌 훈련된 각 3개의 항목에 가장 자신 있는

캐릭터로써의 발성

5. 화술

의도가 명확한 / 감정보다 음성이 우선인 잘 정돈된 깔끔한 화술

6. 질답

학교에 대한 애정과 철저한 준비를 엿볼 수 있고 배우로서의 생각과 가치관이 뚜렷하고 남다르며 답변 자체에서도 드라마를 만들어내는 감성적이며 질문을 이어나가고 싶은 적절한 위트와 재치가 있는 기분 좋게 만들어 주는 학생

Q. "인사와 걸음걸이 교수님의 질문에 답하는 자세"

1. 오랜 훈련으로 다져진 확고한 의지와 열정

2. 자신의 두려움과 외압에도 굳건한 중심과 무게감

3. 절실함과 긍정적인 마인드

4. 바른 인성과 미소를 보이는 표정

5. 답변에 정성과 교수님의 질문을 기회로 감사하고 기뻐하는 학생

Q. "연극영화과 실기 또는 오디션 현장에서 주는 대사(대본)를 다 외워야 하나요?"

1. 주어진 시간이 짧다면 예를 들어 15분 동안 준비후 바로 오디션을 봐야 하는 경우 당일날 나눠주는 쪽 대사 연기를 말한다.

2. 대사를 외 울시 간에 연기에 집중하는 편이 낫다. 단 완벽하게 외웠다면 당연히 당신의 연기에 집중하게 더욱 수월할 것이다.

3. 대본을 들고 연기하는 습관을 들여라. 그럼 대본이 방해된다는 생각은 사라지고 하나가 될 것이다. 완벽히 외웠다고 생각해도 만약에 상황에 대비해 대본을 들고 있는 것이 오디션장에서는 최악의 상황을 막는 유일한 방법이다.

Q. "전체적으로 잘하려고 하지 마라!"

1. 전체적으로 잘하지 말라는 말은 보통 학생들은 자신이 연습한 것 전체적으로 만들어진 것들을 순서적으로 지키기 위해, 틀리지 않기 위해에만 집중하며 연기한다.

2. 순서적으로 기계적으로 하나씩 일정한 패턴으로 연기하려 한다.

3. 그것은 연습한 것을 다시 한번 연습하는 것이지 지금 이 순간 연기하는 것이 아니다.

4. 리얼리티를 떨어뜨리는 가장 큰 요인이다. 연기를 시작하기 전에 상황 속에 들어가 말을 건네기 시작해야만 인물로서 생각을 하기 시작한다.

5. 지금 이 순간 / 내가(어떤 인물) / 여기서(어떤 상황) / 어떤 목적 (이유)로 말을 하려고 하는지 뒷대 사들은 모른다고 생각하고 다시 처음부터 경험한다고 생각하고 나의 모든 것을 총동원하여 다시 갈등을 극복해라.

6. 모놀로그 혼자 하는 연기여도 상대를 의식해야 하고 파트너 연기 앙상블 연기도 마찬가지로 상대의 연기(반응)에 상관없이 무조건 의식하며 말을 해야 한다.

7. 그가 당신에게 반응이 없어도 당신은 정서적인 교감을 나누려고 적극적으로 노력해라.

Q. "긍정적인 동기를 찾고 불어 넣어라!"

1. 당신은 무엇을 위해 분투하는가?

2. 배우는 긍정적인 동기를 찾아내야만 한다. 그것이 부정적인 동기를 선택하는 것보다 더 강렬하고 강력하고 감성적인 도움을 주기 때문이다.

3. 역할이 부정적이고 무기력해 보여도 배우는 이런 겉모습에 안주해서는 안 된다.

4. 무엇이 나의 마음을 움직이는지 강하고 적극적인 자세로 파고들어야 한다.

5. 그것이 진정한 역할의 숨은 욕망이다.

6. 목적대로 당장 행동할 수 있지만 그렇지 못하고 사실 발목을 잡는 것은 무엇인가?

7. 진정 무엇을 위해 적극적으로 말하고 행동하는가

8. 이렇게 부정적일 수밖에 없는가에 집중해야 한다.

9. 내가 이 말을 할 수밖에 없는 긍정적인 동기를 가져야만 적극적으로 연기할 수 있다.

10. 즉 역할이 원하는 지금 이 순간의 진짜 소망을 찾아라.

Q. "연극영화과 실기시험 들어가기전 15분 노하우"

1. 오디션은 혼자만 몰입되어 진지하기만 한 사람보다 당일 대사로 자유연기로 교수님이 왜 뽑아야 하는지 (특별한 매력) 증명해내는 것이 가장 중요함!

2. 상황이 안 믿어져요! 다 개소리! 그냥 눈앞이 그 상황임! 눈뜨고 봐! 현실이야! 믿으려고 하는 게 더 안 믿어짐! 이유는 필요 없다! 여자 친구를 여자 친구라고 믿으려 노력하는 인간은 없다! 연기 시작하면 바로! 점쟁이처럼 빙의! 무엇이든 믿는다!

3. 뭐든 불안한 건 최면 걸어! 긍정의 힘! 뇌가 실제로 가능성을 만든다! 발성 딕션 화술 감정몰입에 미쳤다! 내가 최고야! 최면 걸고 연기! 나도 실제로 그렇게 함!

4. 화만 내면 떨어짐 주의! 감정의 노예가 되지 말 것! 택틱이 더 중요! 최고의 감정은 하이라이트 구간에서만!

5. 심사위원에게 아던 스토리 어떤 감성을 소리와 표정 태도로 전달할 것인가가 관건

6. 전달할 수식어 키워드가 모두 연기에 적용되었는가?

7. 표상 에포트 마음의 충동 마음의 형상을 있는 그대로 표정과 언어 몸으로 전달 또는 표현할 수 있는가?

Q. "캐릭터"

1. 매력적이려면 캐릭터가 있어야 한다.

2. 강력한 캐릭터 과도하게 평소에는 볼 수 없는 캐릭터를 보여줘야 한다. 캐릭터를 보여줄때는 지나쳐야 한다.

1. 착한

2. 재미있는

3. 청순

4. 깜찍

5. 털털

6. 화

7. 카리스마

8. 무서움

9. 섹시한 (유혹적)

10. 아이 같은

내가 잘 표현할 수 있는 캐릭터!

Q. "오디션에서 주목받는 여자 캐릭터"

1. 소녀와 같은 청순가련함

2. 때론 순진함

3. 때론 성적 욕구가 강하면서 철부지 여자아이와 같은 애매모호한 분위기

4. 때론 교묘한 태도와 상상력을 자극시키는 말투

5. 때론 그리스 여신과 같은 우아한 분위기

6. 물소리처럼 부드러운 목소리

7. 남성을 존중하는 감정

8. 혼란에 빠뜨리는 변덕스러운 감정

9. 때론 엄마와 같은 음성

10. 감미롭고 은근한 음성으로 에로틱한 분위기

11. 메릴린 먼로 같은 속삭이는 목소리

12. 천천히 무언가를 암시하는듯한 목소리

13. 우아하고 은근한 몸짓

14. 약간 망설이는 듯한 자태

15. 순결하면서 에로틱한 유혹

Q. "오디션 전에 반드시 설정해야 하는 7가지 분석"

1. 현재 무슨 상황인가 : 알바 면접 보는 상황

2. 과거에 어떤 사건을 겪은 인물인가 : 엄마 수술비 모자람

3. 상대에게 지금 원하는 목적은 무엇인가 : 직원 채용

4. 상대와 어떤 미래를 꿈꾸는가 : 월급 받아서 엄마 수술시키는 것

5. 어떤 관계인가 : 갑과을

6. 나는 어떤 사람인가 (캐릭터) 성격 특징, 직업, 말투, 행동, 자세, 표정, 평소 옷차림 : 눈에 뵈는 것 없는 고3 모든지 변신 가능하다 엄마를 위해서라면!

7. 한마디로 난 너에게 ~ 말하고 싶어 또는 말해주고 싶어

난 너에게 ~ 할 거야 ~ 하길 원해

8. 대사를 한마디로 요약! 나만의 말로 = 서브텍스트로!

엄마 수술비가 필요합니다 제발 저 뽑아주세요!

지금부터 저를 왜 채용하셔야 하는지 증명해 보이겠습니다!

9. 인물이 상황 안에서 또 연기! <= 두려울 거 없음 다 연기야!

Q. "캐스팅 되고 싶다면 연기에 로맨스를 불어 넣어라!"

1. 우리가 살아가는 이유는 로맨스다.

2. 우리는 로맨스를 꿈꾸기 때문에 현실과 이상의 갈등속에 좌절도 하며 상대에게 감정적으로 공격하기도 한다.

3. 자신이 맡은 역할의 대사가 표면적으로 강한 인물,강압적 인물,부정적 인물,꽉 막힌 인물,직선적 인물, 냉정한 인물,공격적 인물일 경우 그 표면을 그대로 표현하기 보다는 그 인물이 그럴 수밖에 없는 동기를 파악한후에 자신만의 로맨스를 불어넣어 연기해라.

4. 캐릭터의 표면에서 드러나는 면 말고 다른 반대면,마치 비밀스러운 그 이면을 살펴봐라.

5. 역할이 매우 강한면모를 지녔다해도 따뜻한 면모와 호감이 가는 인물로로 상반되는 두가지 면을 적절하게 취해봐라.

6. 로맨스를 불어 넣으면 입체적이고,충만하고,풍성하고,호소력있는 연기를 할 수 있다.

Q. "표면과 내면의 충돌?"

1. 대사는 겉표면이다. 대본에 써있는 대로 이해하는 것이 아니라 역할의 행동에 동기를 부여할수 있도록 대본에 적힌 상황을 정당화하는 것이 우리가 해야할일이다. 무엇 때문에 그렇게 행동하는가는 배우 스스스로 깊이 통찰해야 할 것이다.

2. 대사를 보고 대사 그대로 느껴지는 감정과 성격,느낌을 그대로 모두 써봐라. 그다음 그 내면에 숨겨진 반대적인 면모들도 써보고 둘의 상호적인 부분들을 이해하고 연기에 적용해봐라.
3. 겉과 다른 내면의 이면도 묻어나게 겉표면과 함께 연기해라. 그것이 인간의 진면모이다.

4. 표면과 내면이 함께 보여 갈등요소를 만들면 배우가 어떤 연기를 할지 관객이 예상할수 없게 되고 역할을 매력적으로 보게 만드는 요소가 된다.

5. 사람들은 한결같지 않은 뜻밖의 행동을 보면 놀란다. 흥미로운 연기는 뜻밖의 요소를 품고 있다. 다음에 어떤 행동을 할지 알 수 없는 당신의 연기 매력에 푹 빠지게 될 것이다. 그것은 상반된요소 즉 표면과 내면의 하모니 즉 갈등이 만든다.

Q. "심사위원에게 어떻게 보일 것인가에 초점을 맞춰라!"

1. 자기만족으로 자기 멋대로 연기하고 끝내고 싶다면 당신은 집에서 연기를 즐기길 추천한다.

2. 연기는 배우 스스로 보여주지(행동) 않으면 보이지 않는 행동(목적을 동반한 행위) 예술이다.

3. 어떻게 보일 것인가를 아는 자만 매력적이게 보여줄 수 있는 방법을 안다. 배우는 작가의 의도를 연출가의 의도를 이해하고 연기로 실현시킨다.

4. 입시 또는 오디션의 경우 짧은 대사 작품 전체가 아닌 일부분 즉 장면 연기를 연출가의 도움 없이 스스로 준비해야 하므로 대사를 어떻게 연기할 것인가 심사위원에게 어떻게 보일 것인가를 고민해야 한다.

5. 그러므로 하나부터 열까지 등장부터 (시작부터) 퇴장 (끝까지) 스스로 어떻게 보일 것인가를 연출해야 한다.

Q. "상황 속에서 할 수 있는 전략을 만들어라!"

1. 이 인물이 어떤 인물인가를 아는 것 중요 -> 인물 = 나

2. 내가 갖고 있는 상황 &경험했던 일을 상황에 넣는 게 제일 좋다.

3. 이해가 안 되는 인물을 캐릭터로 잡으면 교수님이 어떤지 캐릭터인지 알 수가 없다.

4. tactic -> 텍틱을 가지려면 감정을 빼야 한다. 감정이 있으면 텍틱을 하기 어렵다. 대신 의지는 가지고 있어야 한다.

5. 이 다음에 최종적으로 감정 넣기 - 어느 부분에 감정을 넣을 것 인가. (하이라이트)

Q. "내 연기로 어떤 메시지(교훈)를 줄 것인가?"

1. 우리는 인간의 말들과 모습의 과정 속에서 감정을 느끼고 그 과정이 끝났을 때는 하나의 의도(메시지)로 재해석한다.

2. 나의 연기는 관객에게 심사위원에게 어떤 메시지를 줄 것인지를 고민해봐라.

3. 연극이 끝난 후 영화가 끝난 후 그 연극이 그 영화가 당신에게 어떤 메시지(교훈, 의도)를 남기는가와 같다.

4. 좋은 연기는 상황을 쉽게 이해하게 한다. 좋은 연기는 공감을 주는 연기다. 좋은 연기는 감동을 주는 연기다.

5. 더 좋은 연기는 메시지(교훈)를 남긴다.

6. 인물(역할)로써 연기하느냐, 축적된 나의 연기력으로 역할로 써가 아닌 나

자신으로써 연기력을 보여주는 것이냐를 스스로 판단하고 검열하고 개선할 줄 알아야 할 것이다.

Q. "어떤 배우를 원하는가?"

1. 외모에 치장을 먼저 하기 전에 궁극적으로 명심해야 될 것이다.

2. 심사위원은 배역에 몰입하는 배우를 원한다.

3. 심사위원은 배역을 연기하는 모습이 흥미롭고 그 배역을 연기하는 데에 있어 독특하고 재능 있는 배우를 원한다.

4. 배역에 몰입하고 연기하는 모습이 흥미롭고 독특하고 재능 있는 배우는 이제까지 이 책에서 얘기했던 개성 : 연기의 디테일, 매력적인 연기를 하는 배우이다.

5. 자신의 연기가 감정적이기만 해도 문제이며 재미만 줘도 문제이다.

6. 자신의 연기의 행동이 예측 가능하다면 더욱 지루할 것이고 자신의 연기의 대사 뉘앙스가 일정하다면 아마 심사위원은 그만이라고 외칠 것이다.

7. 흥미로움은 실감 나는 연기 눈앞에서 마치 지금 펼쳐지고 있는 것 같은 리얼리티 생생한 연기

8. 독특함은 반복된 행동 반복되는 감정 반복되는 뉘앙스, 대사의 톤이 아닌 내가 지금 즉시 나도 모르게 상황에 빠져나오는 행동 감정 뉘앙스 대사의 톤이다.

9. 재능은 흥미로움과 독특함의 원천 즉 전쟁을 승리로 이끌 자신이 갈고닦은 다양한 무기가 될 것이다.

Q. "목적을 이루기 위한 다양한 노력을 해라!"

"우리는 타인의 말의 진심을 타인의 다양하고 절실한 적극적인 노력,고통에 집중하고 공감하며 감동받는다.

1. [설득력의 진심을 불어 일으키는 요소]

– 절실한, 적극적인, 정성스러운, 진지한, 상대가 보기에는 고통스럽기까지 한 노력. 사람의 말은 설득력을 지녀야 한다.

2. 결국 자신의 말에 믿음을 주는 것이 진실을 만들고 진심을 전하게 되는데 이 강한 설득력 또한 말하는 사람의 과정 즉 과정 속의 다양하고 절실한 노력을 듣는 사람이 보고 듣고 느끼는 것이고 어느 순간 매료된다.

3. 그 말 (목적)을 이루기 위한 말하는 사람의 힘들게 노력하는 과정을 보며 진심이구나 믿음이 생긴다는 말이다.

4. "이 사람이 이렇게 까지 노력하는 이유가 있겠구나 저렇게 말하는 것이 고통스러울 텐데 현재 보이는 모습에서 예상할 수 없었던 이 사람의 모습을 발견하며 진심으로 받아들이게 된다. 결국 이 사람의 노력은 자신을 설득시켜는 노력이 가상하다. 가 되는 것이다.

Q. "대사엔 없는 것들을 불어넣는 배우가 승리한다."

.1 대사를 시작하기 전부터 배우는 인물로서 생각을 시작해야 한다. 어떤 생각이든 그 생각의 시작은 상관없다.

2. 단 점점 목적에 관한 생각으로 흘러야 할 것이다. 생각이 없다면 변화가 없고 변화가 없다면 인물은 좌절한 것이다.

3. 연기를 할 때 대사에 쓰여있는 사실만(텍스트의 정보)을 맹목적으로 전달하려고 하기 때문에 슬픈 대사는 슬프게 기쁜 대사는 기쁘게 말고는 역할이 어떤 생각을 갖고 있는지 즉 어떤 과거를 가졌으며 어떤 상황에 처해 있는지 또는 대사를 말하면서 다른 어떤 꿍꿍이를 갖고 있는지(서브텍스트)가 없다.

4. 또는 그 대사의 표현 말고는 그 이상 그 다음이 없다.

5. 악함은 처참했던 그 인물의 과거가 있는 사람으로 천사 같은 기쁨도 야심 가득 찬 그녀라는 것을 숨기면 스스로 집중의 의지, 갈등적 열망을 연기에 동시에 담을 수 있을 텐데 말이다.

6. 미소를 띠는 그녀의 모습보다는 내일 죽을 것을 숨긴 채 자신의 아름다웠던 과거를 떠올리며 짓는 그녀가 더 아름다운 미소를 보여줄 것이다.

7. 명심해라. 대사는 겉이다. 우리는 대사 속으로 자유롭게 파고 들어갈 수 있다. 연기는 누가, 어떻게 대사 속으로 들어가냐이다.

8. 매력적인 배우는 어떤 대사든 매력적으로 파고 들어가 그 대사를 매력적으로 연기할 것임에 틀림없다.

우린 대화를 나누면서도 다른 생각을 할 수 있다. 배우도 마찬가지다. 사고하지 않고 전달만 하는 대사는 대사만 전달할 뿐이다. - 강도용

작가가 그려낸 등장인물 울 실존인물로 완전히 이해하고 믿으려면 배우는 언제나 대본에 없는 세부 묘사까지도 만들어내야 한다. - 리 스트라스버그

Q. "대기실에서 체크하며 연습할 것들"

1. 나만의 상황 추출 + 나만의 택틱 + 나만의 아픔(감정) + 나만의 캐릭터 만들고

2. 재미와 감동 체크! - 자신감과 확신 - 교수님 얕보기 (교수님을 어려워하지 말고 교수님께 오히려 잘보이려고만 하다가 긴장 생김. 여유있게 자신의 연기 상황에 더욱 몰입할 것) - 텐션과 여유 - 미친 몰입감 - 자유로움 속의 마치 지금 일어나는 것 같은 즉흥연기로 보이기!

3. 당일 대사 예시 (맨날 이런 패턴이야! 하며 대사 쫄지 말 것! 대사 무서워하면 생각의 범위가 한정됨. 대사를 보며 다양한 생각과 연기로 표현할수 있는 무한한 가능성을 열어라.)

Gs25 시 사장님 안녕하세요! <- (첫마디) 한사랑 아파트 사는 고3 강도용입니다! 포스 기계 다룰 줄 알고요 청소도 잘하고요 손님한테 친절합니다! 저 뽑으시면 후회 안 하실 거예요! 뽑아주세요! 오늘부터 일할수 있습니다! <- (끝마디)

[첫 대사 마지막 대사만 보고 - 상황만 추출!]

인간은 첫마디 끝마디에 진짜 말하고자 하는 목적 결론 거의 다 있음.
목적이 있기에 대화를 시작하고 목적을 이루기 전까진 대화를 멈추지 않을 것이다.

노래하고 춤추고 애드리브 대사 넣고 상황 체험하면서 흥미롭게 보여줘도 됨!
; 대사에서 표현할수 없는 것이 많을수록 몰입하기 어렵다.

Q. "당일 대사 연기 노하우"

1. 당대 할 때 포즈가 최대한 없는 게 좋다.

2. 당대를 최대한 임팩트 있게 보여주고 자유연기하는 것이 좋다.

3. 내가 이 상황에서 뭘 보여줄 수 있을까 ' 가 확실히 있어야 한다.

4. 상황들이 거의 다 '이 상대를 어떻게 설득할것인가?.'이다.

ex) 이 대학교에 들어오고 싶은 이유가 뭐예요? 우리가 당신을 뽑아야 할 이유를 보여주세요. (설득해보세요) = 당대의 상황

5. 대사 속에 빠지면 안 된다. 대사를 상황 속에 집어넣어야 한다.

6. 대사에서 할 수 있는 행동들 다 해보기

ex) 상대에게 고백하는 상황에서 -> 애교 부리면서 , 웃으면서 , 협박하면서 , 부탁하면서 고백할 때 내가 할 수 있는 행동들을 의지를 갖고 내가 보여줄 수 있는 것을 다 보여주기.

7. 상황 파악

 인간은 언제든지 상황 파악을 한다. 아침에 잠에서 깨어서 몇 시인지 확인하는 것도 상황을 파악하는 것.

8. 대사 이해

 대사를 보고 이해가 안 되는 건 당연하다. 이해가 안 되는 것이 중요한 게 아니고 어떤 상황인지를 생각해라.

대사가 이해가 안 됩니다 -> 정답은 없다. 상황 추출이 더 중요. 상황만 알아라.

9. 짜증 내지 않는 것

인물은 상대에 대한 의지가 강하다. 그렇기 때문에 짜증을 내버리면 상대를 포기하는 것이 되므로 짜증은 내지 마라.

10. "연기 속 안에 연기"

대사 속 인물이 안에서 또 연기를 한다고 생각해라.
ex) 화가 난 상태이지만 안 난 척 연기

11. 대사의 구성 3가지

대부분 역할의 본론, 가장 하고 싶은말, 증명하려는 부분은 첫 대사 & 끝 대사에 있다.

중간 대사는 보통 목적을 보충해주는 것이다.

첫 대사 & 마지막 대사를 보고 어떤 상황인지 파악해라.

Q. "상반되는 요소"

1. 대본에 씌어 있지 않아도 상반되는 요소를 충족시켜라. 그것이 서브텍스트다.

2. 좋은 극작품은 인간이 행동하는 방식을 비추는 거울이다.

3. 배우의 의무는 인간 행동의 '내면에' 있는 것을 드러내는 것이다.

4. 대사에서 드러나는 캐릭터의 겉모습외에 속모습,눈에 보이는 생각과 감정 말고 그 반대의 생각과 감정 즉 상반되는 요소를 고려하라.

5. 캐릭터가 상황속에서 느끼는 것들은 한가지가 아니다. 인간에게는 서로 상반되는 요소들은 반드시 존재한다.

6. 일관성은 연기를 지루하게 만드는 핵심 요소이다. 우리가 매력을 느끼는 사람은 모두 상반되는 요소들이 보이기 때문이다. 즉 일관되지 않게 행동하기 때문이다.

7. 우리의 내면에는 선과 악, 사랑과 미움을 동시에 지니며 열망과 파괴욕구가 동시에 존재한다. 밤과 낮,밝은면과 어두운면,사랑하고 싶은 욕망과 죽이고 싶은 욕망,행복을 갈망하면서 불행할까봐 두려워하는 상반되는 요소가 공존한다.

8. 한가지만 고수하다보면 균형을 잃을것이고 진실해 보이지 않을 것이다. 갈등 즉 상반되는 요소들을 만들어 그 갈등을 극복하는 모습으로 드라마를 만들어낸다.

9. 이처럼 드라마는 배우가 불어넣는 상반되는 요소로 탄생한다. 배우의 연기의 흥미를 유발시키는 것은 갈등 그 자체다.

10. 우리가 연기하는 장면은 진행중인 상황이지 어떻게 해결했다라는 결과를 보여주는 것이 아니다.

11. 우리가 갈등을 극복하는 과정 즉 고통을 다루는 과정을 보여주고 그 뒤가 궁금하게끔 만드는 것이 흥미로움이다.

12. 해결된 결말을 내 장면에서 보여주려 하지마라. 극과 극의 요소들을 동시에 고려하고 두 요소 모두 연기에 담으려고 하면 할수록 우리의 연기는 자연스러워진다.

13. 우리가 광범위한 감정을 다루기 위해서는 극적은 요소들을 선택할 수밖에 없다.

14. 감정이 대비되는 폭 넓은 상반된 감정들을 만들어 낼 수 있는 극적인 상상력이 배우에게 필요로 한다.

15. 모든 장면에는 상반된 요소들이 있다. 우리는 그것을 발견하고 연기로 실현해 내려고 노력해야 할 것이다. 그래야 매력적인 연기를 보여줄수 있다. 극작가는 표면적인 캐릭터 아래 그것들을 숨겨두었을 것이고 대본에 모두 드러내지 않았을 것이다. 배우가 해야 할 일은 상반된 요소를 제대로 찾아내고 연기에 담아내는 것이다.

Q. "사건 (극중에서 일어나는 일)을 발견하고 만들어라?"

1. 어떤 장면이든 대본에 쓰여있지 않다고 아무일도 일어나지 않는다거나 아무런 변화도 없다는 것을 받아들여서는 안된다.

2. 뭔가가 반드시 일어나야하고, 어떤 변화가 초래되어야 한다. 극작가가 제공해주지 않는다면 배우가 해야한다.

3. 배우는 자신에게 물어봐야 한다. 이 장면에서는 무슨일이 발생하지? 그 일은 어떻게 변하지? 그리고 나서 해야 할 일은 뭔가를 발생시키고 변화를 창조해내는 것이다.

4. 배우의 태도는 앞으로 벌어질 사건과 결합되어야한다. 배우가 아무 사건도 만들어내지 못한다면 그 장면은 무미건조한 장면이 되고 만다.

5. 누군가와 대면해라 대면하고 나면 결과가 있게 마련이며 배우는 그 결과를 연기로 표현해내야 한다.

6. 극이 진행되면서 누군가와 대면하고 사건이 벌어지고 변화되고 전환되는 그 사이의 사건 또한 발견해라. 캐릭터의 삶에서 주요 전환점이 되는 클라이맥스도 사건이 될 수 있다.

7. 배우는 극의 표면에 숨겨져 있는 사건을 찾아내 극에서 사건을 발생시켜야 한다.

8. 배우들이 서로에 대해 더 많은 것을 발견해낼수록 장면은 보다 매력적으로 변한다.

9. 관계를 변화시킬 수 있는 중요한 요소들을 발견해야 사건이 만들어진다. 역할간에 관계속에서 중요한 사건은 만들어진다.

10. 장면안의 큰 사건 (큰 행동) 안에 작은 사건들을 (작은 행동들)을 발견하고 불어넣어라. 액션으로 표현해라.

11. 행동이 아니라 대표적인 심리 상태 안에 다양한 심리들이 또 존재한다고 생각하고 행동들을 발견해라.

Q. "대사로 상대와 <u>경쟁</u>해라!"

상대를 설득하고 상대를 변화시키고 싶다면 경쟁해라. 상황과 상대에 몰입하고 내 스스로 활력있게 연기하기 위해선 경쟁하는 방법 밖에 없다.

- 자신이 연기할 장면에 불어넣어야 하는 것들

1. 나는 맞고 당신은 틀리다. 라는 생각들이 필요하다.

2. 당신은 당신이 원하는 방식이 아니라,내가 옳다고 생각하는 방식으로 변해야 한다.

3. 내 연기를 흥미롭게 매력있게 만들려면 경쟁을 불어넣어야한다.

4. 어떤것이든 상대와 대립할수 있는 적극적인 요소들을 찾아야 자연스럽게 몰입하고 열심히 연기할수 있게 된다.

Q. "대사의 상황,캐릭터가 공감되지 않는다고 대충 연기하지마라."

1. 자신이 추구하는 철학,자신의 고정관념,개인적인 생활태도,자신의 환경,자신의 편견,자신이 인정하는 가치관만으로 캐릭터를 공감할수 없게 되면 그것은 표현을 확장시키지 못하는 억압의 요소로 발전한다.

2. 차이점을 인식하고 공감할수 있는 캐릭터와 하나가 될수 있는 대체 요소들을 만들어서라도 긍정화시키고 자신의 한계를 극복해야 한다.

Q. "느끼는 것만으로 충분하지 않다. 느낌을 전달했는지 확인해라."

1. 제대로 연기를 못해서 물어보면 느끼긴 했다라고 말한다.

2. 느낌이 전달되지 않은 이유는 연기한 배우가 내적으로 비밀스럽게 간직하고 혼자만 느끼며 상대나 관객이 느낄수 있게는 연기하지 않기 때문이다.

3. 상대와 연기를 하는 경우 본인이 상대가 이해하고 느낄수 있도록 분명하게 답신을 받아야 할 것이다.

4. 말만 상대에게 전달하는 것은 의미가 없다. 정보 전달 이상의 감정을 전달해야 한다.

5. 상대를 변화시키고자 하는 욕망이 있다면 상대의 입장도 고려하여 말 전달 이상의 감정을 교류해라.

Q. "오디션 시험장 나만의 공간을 창조하라!"

1. 현실감있는 연기를 하기 위해선 나만의 공간을 창조해야 한다.

2. 오디션의 경우 썰렁한 연습실 또는 사무실에서 연기를 해야 한다.

3. 우리는 평소에 공간의 영향을 많이 받는다. 사방에 차가 지나다니고 있는 횡단보도에 떡하니 서있다고 생각해봐라. 당신이 무엇을 할수 있겠는가?

4. 썰렁한 오디션 시험장의 공간을 상상력을 동원하여 눈앞에 보고 오감각으로 느낄수 있는 자신만의 인테리어와 사물 소품들을 생생하게 배치하여야 할 것이다. 그래야 당신은 편안해질 것이다.

5. 자신이 잘 아는 장소를 택할수록 더욱 선명해질 것이다. 그런 자신만의 생생한 공간은 동선과 시선,나의 움직임을 자연스럽게 만들어준다. 그런 행동들을 연기에 넣어라.

6. 자신만의 공간을 만들어 기분을 고양시켜야 보다 나은 리딩을 할 수 있다. 당신은 그 공간(장소)에 대해서 어떻게 느끼는가? 공간은 나의 감정에도 영향을 많이 준다.

7. 어떻게 하면 공간을 효과적으로 이용하여 이 관계에서 내가 싸우고 있는 목적을 창조해낼 수 있을까?

8. 공간을 이용하는 마임 행위를 하라는 것이 아니다. 당신의 연기에 공간이 주는 영향이 무엇이 있는지를 생각해보고 느껴봐라. 분명 당신의 연기는 공간으로 하여금 달라질 것이다.

9. 공간은 배우가 감정적으로 이용하지 않는 한 아무런 의미가 없다.

Q. "대사의 오버래핑을 이용해라"

오버래핑: 상대방이 말을 끝내기도 전에 자기 대사를 하는 것

1. 물론 오버래핑의 대가들이 아니라면 오디션에서 오버래핑을 시도하는 것은 위험이 따른다.

2. 하지만 해볼 만하다. 그게 '진짜'이기 때문이다. 생사가 달릴 중요한 일이라는 느낌이 생길 것이다.

Q. "거짓말은 진짜처럼 해라"

1. 보통 배우들의 연기를 보면 대본 어디쯤 거짓말을 하라고 씌어있는지 단박에 알아낼 수 있다.

2. 배우들은 거짓말에 서툴러서 지금 거짓말하고 있다는 것을 쉽게 들킨다. 만약 거짓말을 해야 한다면 철저히 해라.

3. 누구든 속아 넘어가게 만들어라. 평소에는 아주 그럴듯하게 거짓말을 둘러 대며 상대방을 깜빡 속이면서 왜 무대에만 올라가면 들통을 내는지 알 수가 없다. 일단 탄로 나면 거짓말은 재미가 없다.

Q. "동성 배우들이 등장하는 장면에서는 더욱 경쟁해라."

1. 드라마는 '네가 원하는 것'과 '내가 원하는 것'의 대결이기 때문이다.

2. 배우들은 경쟁을 피하려는 경향이 있지만 동성 캐릭터들이 등장하는 장면 에서는 경쟁이 오히려 더 필수적이라는 사실을 기억해야 한다.

Q. "위로는 좋은 선택이 아니다."

1. 자신이 싸우는 목표를 얘기할 때 목소리에 생기가 없다면 힘 빠진 리딩을 하고 있다는 것을 알아야 한다.

2. 싸우는 목표로 '위로'를 선택하는 것은 도움이 안 된다. '이해받고 싶어요'' 동정을 원해요''나를 좋아해 주면 안 되나요?''위로받고 싶어요' 이런 태도는 리딩을 할 때 목표가 확실하지 않은 것이다.

3. 대신에 도움을 요청하는 비명을 질러라. 이건 아주 절박하고 생사가 걸린 문제다 도와주지 않으면 죽여버리거나 죽어버리겠다고 협박해라 당장!

4. 신파조로 들릴지도 모르지만, 효과가 있다. 약한 선택은 도움이 안 된다.

Q. '상관없어라는 태도는 도움이 되지 않는다'

1. 상대에 대해 '상관없다'라는 태도를 선택하는 것도 도움이 안 된다.

2. 당신이 상관없는데 왜 우리가 이 장면을 보고 있어야 한단 말인가

3. 당신이 상관없다면 우리도 상관없다. 당신이 상관없으면 다른 배우를 찾아보겠다.

Q. "스스로 과감하게 끼어들기도 해야 한다."

1. 작가가 당신에게 불완전한 문장을 주면서 "이 부분은 상대 배우가 치고 들어오는 부분이에요"라고 말했다고 해서 오디션을 볼 때 상대 배우가 끼어들기를 무작정 기다릴 수는 없다.

2. 상대방은 잊어먹기에 십상이다. 다음 장면에서 해야 할 대사도 걱정이고 이것저것 머릿속에 생각이 많기 때문이다.

3. 오디션을 볼 때는 습관처럼 스스로 끼어들기도 해야 한다.

4. 불완전한 문장에 다음과 같은 생각(침묵의 대화로 사용하면 연기가 생생해질 것이다)들을 더 하면 끼어들기가 쉽다.

5. 오디션에서는 상대 배우가 놓쳐버린 사건도 받아들일 준비가 되어있어야 한다.

6. 생각해보라. 사건에 당신이 반응하는 것과 상대 배우가 사건을 만드는 것 중 무엇이 더 중요한가? 리딩의 주제는 당신이다. 그러므로 반응이 더 중요하다.

7. 그 사건에 반응하라. 스스로 감정적인 반응을 보이면서 자신만의 사건을 창조해낸다면 당신은 실패하지 않을 것이다.

8. "꼭 총을 맞아야 쓰러질 수 있는 것은 아니지 않은가?" 오디션을 볼 때는 대책 없이 상대 배우에게만 의존하지 말고 스스로 할 일을 찾아내야 한다.

Q. '믿을 수 없어'를 역으로 이용해라!

1. 우리는 실제로 우리에게 일어나고 있는 일을 쉽게 믿으려 하지 않는다. "나에게 이런 일이 일어나다니 믿을 수 없어"라고 말한다.

2. 믿을 수 없는 이야기를 할 때도 "이게 믿어지나요?"라고 말한다.

3. 그러나 배우들이 연기할 때는 그런 식의 반응을 보이지 않는다.

4. 무대에서 뭔가 믿을 수 없는 것을 연기하고 있다는 생각이 들면 그런 사실을 이용해라.

5. 믿을 수 없다고 생각하는 것이 믿을 수 있는 것으로 바뀔 것이다.

Q. "리액션하려고 열심히 듣고 있는 척하지 않아도 된다."

1. 배우들은 잘 들어야 한다는 생각에 너무 집착해서 자신이 듣고 있다는 사실을 알리려고 한다.

2. 심사위원들에게 당신이 듣고 있다는 것을 보여줄 필요는 없다.

3. 그보다는 상대배우와 침묵으로 대화를 나누면서 정말 들리는 것에 반응하는 것이 훨씬 낫다. 잘 듣는 것은 마음을 기울이는 것이다.

Q. "당신은 배우가 되어야만 하는가?"

"제가 배우가 되기 위해 계속 노력해야 한다고 생각하세요?
"다른 일을 선택할 여지가 있고 그 일을 하면서도 행복할 수 있다면
무슨 수를 써서라도 당장 가서 그 일을 하세요"

연기는. 회복할 수 없을 정도로 병이든 사람들만 하는 일이다
그 욕구에 완전히 사로잡혀서 다른 선택의 여지가 없는 사람들이나 하는 일이다.

그래서 난 연기를 해야 한다.

Q. "액면 (대사의 겉표면,겉대사) 그대로 연기하지 마라."

1. 배우들은 상반되는 연기보다는 액면 그대로 연기하는 것을 좋아하는 경향이 있다.

2. 액면 그대로 연기한다는 것의

예: "너를 사랑해" 라고 한 다음

3. "너를 증오해" 라고 하는 장면이 나오고 그 다음에 "꺼져버려 가서 죽여버려"라고 말하는 식이다.

4. 상반되는 연기는 10분 동안 긍정하다가 10분 동안 부정하는 것이 아니라 긍정과 부정이 끊임없이 교차하는 연기를 하는 것이다.

5. 액면 그대로 하는 연기는 예측할 수 있지만 상반되는 연기는 예측할 수 없다.

6. 보다 극단적인 상반되는 요소들을 발견해야 한다

7. 한 방향으로 계속 나 아가다 보면 오히려 더 본능적으로 상반되는 요소들을 표현하게 될 것이다.

Q. "상대방의 액션을 기다리지 말라?"

1. 오디션에는 리허설이란 것이 없기 때문에 몸으로 하는 액션이 필요한 장면에서 파트너에게 의지할 수 없다.

2, 사소한 이유 때문에 당신이 기대하고 있는 파트너의 액션이 뒤따르지 않을 수도 있다.

3, 어떻게 할 것인가? 그럴 때는 상대에게 반응한다는 생각으로 액션을 상상하는 것이 현명하다.

ex> - 상대방이 키스하지 않아도 당신은 키스를 받았다고 생각할 수 있다.
    - 상대방이 당신을 치지 않아도 당신은 맞았다고 생각할 수 있다.

ex) - 오디션을 볼 때 따귀를 맞을 거라고 생각하고 기다리다가 상대방이 치지 않으면 멍하니 서있는 배우들이 많다

4, 그러면 그 장면의 감정적인 타당성이 사라져 버린다.

5. 배우가 따귀라는 행위에 '의존'하게 되면 기대했던 행동이 따르지 않을 경

우 무너져 버리고 만다.

6. 맞았다고 생각하면 그 장면에서 감정이 유지될 수 있다.

7. 진짜 따귀를 맞는 것과 따귀를 맞았을 때 생기는 감정중에서 무엇이 더 중요한가?

8. 따귀를 맞았을 때 생기는 감정이다. 당신은 감정적인 결정을 통해 그느낌을 얻어낼 수 있다.

Q. "진짜 내면의 욕구를 이해해라! 수줍음은 오히려 대담해지기를 원한다는 뜻이다."

1. 배우들은 수줍어하는 행동으로 소심한 사람을 표현하는 경향이 있다.

2. 수줍어하는 행동은 사실 그렇지 않기를 바라는 것이고 대담하고 공격적이 되고 싶어서 하는 것이다.

3. 수줍음을 잘 표현하려면 상반되는 요소들을 활용해야 한다.

4. 대담하게 행동하고 나서 수줍음에 다시 압도되는 식으로 대담함을 유지할 수 없을까 봐 두려워하는 것이다.

Q. "상대를 무시하는 연기는 잘못된 선택이다."

1. 극작가들은 곧잘 그녀는 그를 무시한다는 지문을 써넣는다. 이런 지문은 오디션을 보는 배우에게는 함정이다.

2. 상대를 무시하는 것은 수동적인 선택일 뿐이다. 당신의 연기는 활기를 잃어버린다.

3. 능동적으로 무시하는 방법을 찾아라!

4. 상대가 어떻게 변했으면 좋겠는지를 알아내라! -그리고 그것을 선택해라! 아주 구체적일 필요가 있다.

Q. "상대 캐릭터를 연구해라"

1. 배우들은 대체로 자기 자신의 캐릭터만 연구할 뿐 다른 캐릭터에 대해서는 주의를 기울이지 않는다.

2. 상대 캐릭터를 연구해야 한다.

3. 당신이 하는 행동은 상대가 하는 행동에 영향을 받기 때문이다.

4. 상대 캐릭터의 목표와 동기에 대해 질문해본다면 그 장면에서 당신이 왜 그런 행동을 하는지에 대한 답을 더 많이 얻게 될 것이다.

- 그가 원하는 게 뭐지?

- 왜 나한테서 그걸 원하지?

- 나에게 기대하는 게 뭘까?

- 그는 무엇을 위해 싸우고 있지?

- 그게 나하고 무슨 상관이지?

- 나하고 과거에 무슨 상관이지?

- 나하고 과거에 어떤 관계였지?

- 그가 하는 게임은 뭐야? 자기 자신에 대해서는 어떻게 생각하고 있을까?

- 나와의 관계를 어떻게 생각할까?

- 나와 빚고 있는 갈등은 뭘까?

5. 그의 처지에서 생각해보라 당신이라면 어떨지 생각해보라

Q. "잘 듣는 것이 중요하다."

1. 잘 듣는 것과 그냥 듣는 것은 다르다.

2. 잘 듣는다는 것은 상대가 당신에게 보내는 메시지를 '받는' 것이다 -이것은 반응이다.

3. 잘 듣는다는 것은 일단 받아들인다는 뜻이다.

4. 잘 듣는다면 당신의 반응에는 변화가 생길 수 있다.

5. 잘 듣는다는 것은 '능동적인 행동'이다.

6. 듣는 것은 말하는 것이다.

7. 소리 내어 말하는 것은 아니지만 무엇을 들었는지에 대해 답하는 것이다

8. 이른바 '침묵의 대화'- 이것은 능동적이다.

9. 능동적으로 듣는 것은 대답하는 것을 만들어 내는 것이다.
10. 침묵의 대화에서 당신의 대답이 구체적일수록 당신은 잘 듣고 있다.

Q. "싫어하는 캐릭터를 맡았다면?"

1. 우선 당신이 그 캐릭터를 싫어한다는 사실을 인정하는 것이 중요하다.

2. 배우들은 자신이 맡은 캐릭터를 싫어하는 것이 잘못이라고 생각한다. 그래서 자기 자신에게조차 이런 정보를 숨긴다. 그것을 꺼내놓아야 한다.

3. "나는 이 캐릭터가 싫어"라고 인정하는 것이 문제 해결의 시작이다.

4. 배우가 캐릭터를 싫어할 때는 반드시 심각한 개인적인 이유가 있다.

5. 가끔은 자기가 싫어하는 자기 내면의 어떤 특징을 드러내기 때문일 때

6. 배우가 실제 삶에서 해결하기보다는 도망치고 싶은 어떤 불편한 관계를 연상하기 때문일 때

7. 미움은 도망치는 방법이기도 하다.

8. 미워할 만큼 강한 반응을 보인다는 것은 그것에 깊숙이 관련되어있다는 뜻이다.

9. 우선은 연기해야 하는 캐릭터의 무엇을 당신이 싫어하는지 구체적으로 파악할 필요가 있다.

10. 구체적인 이유를 말할 수 있다면 - 구체적으로 해결할 수 있다

11. 상대 캐릭터도 싫은지를 생각해봐야 한다.

12. 당신이 싫어하는 것이 캐릭터가 아니라 '관계'일 수도 있다. 구체적으로 구분을 해라.

Q. "모든 인간은 자신의 고통을 말하고 싶어한다."

1. 인간들은 누가 더 고통받았는가를 두고 경쟁한다. 이것은 인간들 사이에 벌어지는 경쟁 중 가장 격렬한 모양새를 지닌다.

- 나는 당신 보다 고통받았어.

- 나는 다른 누구보다 고통받았어.

- 당신은 내가 얼마나 고통받았는지 모를 거야

- 내가 얼마나 고통받았는지 말해줄게(당신은 아마 믿지 못할 거야)

- 내 어린 시절은 고통의 연속이었어 내 아내는 나를 이해하지 못해 나는 너무나 예민하고 내 문제는 내가 너무나 질실하다는 거야 등등

2. 사람들이 고통을 사랑하는 이유는 고통이 그들을 정당하게 만들어 주기 때문이다. 그들이 얼마나 강렬하게 반응하는지를 입증해주기 때문이다

3. 사람들은 고통의 정도를 입증하기 위해 애쓴다. 그들은 아무도 듣고 있지 않다고 느낀다. 그리고 대부분 그들이 옳다. 인간은 믿을 수 없을 만큼 자기 자신에게 빠져있다.

4. 어떤 장면에서든 경쟁적인 선택을 할 때· 배우는 항상 우리 모두가 얼마나 고통받고 있는지 또 그것을 입증하기가 얼마나 어려운지를 염두에 두어야 한다.

Q. "두려움이란?"

1. 두려움이란 우리가 '모르는 것'이다.

2. 해결책은 두려워하는 것이 무엇인지 아는 것이다. 그러면 두려움에 대처할 수 있다.

3. 우리는 모르는 것을 두려워한다. "불을 켜라 불을 켜면 나를 볼 수 있고 보고 나면 알 수 있다."

4. 대부분 우리는 '있지 않은'것을 두려워한다.

5. 오디션에서 배우들이 할 수 있는 최선의 선택은 자신이 할 수 있는 일에 집중하는 것이다

6. "심사위원들이 무얼 '기대하는지' 알게 뭔가 어두운 벽장에 숨어들지 말고 오디션을 향해 불을 밝혀라. 막연한 두려움의 희생양이 되지 말고 역할을 제대로 해내는 법을 배워라."

Q. "연기 – 두려움 해결방안"

1. 당신이 두려워하는 것이 무엇인지 정의해보라.

2. 리스트를 만들어라.

3. 구체적이고 확실하게 말할 수 있다면 두려움을 다루는 방법도 알 수 있다

4. 추상적인 상태로 두려움이란 이런 것이다. 라는 식으로 내버려 두면 실패
한다.

5. 상세하고 구체적인 내용을 파악해라.

6. "끊임없이 질문해라"
7. <나>와 <역할>=인물에게 질문해라

8. 대답이 구체적일수록 해결책이 보이게 된다."

9. 분석의 구체성 = 표현(상황)의 구체성

Q. "배우들의 반응은 즉각적이어야 한다"

1. 배우들은 대사와 대사 사이에 반응하는 것을 좋아하는 경향이 있다. 그래
서 대사와 대사 사이에 불필요한 휴지기를 집어넣는다.

2. 이것은 곧 부자연스러운 리듬을 만든다.

3. 대사 하고 반응하고 대사하고 반응하고

4. 실제 삶에서는 말하면서 동시에 반응한다 말과 감정을 분리하지 않는다

5. 오직 배우들만이 그렇게 한다. 실제처럼 해라 대사 하면서 반응해라 대사와 반응을 분리해서는 안된다.

Q. "오디션을 보고 나서 후회가 된다면?"

자기 자신을 이용해라. 에너지를 리딩에 쏟아부어라. 자신을 비하하지 말고 리딩을 하고 있는 파트너를 비난해라. 관계를 비난해라 관계를 맺어라 다른 사람을 향해 에너지와 생명력을 발산해라.

Q. "술을 마시는 연기"

1. 극작가들이 대본에 과도한 음주나 만취한 상태를 묘사하는 것은 극적인 효과를 높이기 위해서이다.

2. 술을 마시는 이유는 단 한 가지뿐이다 제약에서 벗어나는 것.

3. 너무 억눌려있어서 배려하는 마음이 지나치거나 소심해서 너무 예의 바르거나 모험을 두려워해서 평소에는 할 수 없었던 말이나 행동을 할 수 있게 된다.

4. 술이 마음을 가두고 있던 덤 벼락을 허물고 댐을 무너뜨리면 그 모든 것들이 쏟아져 나오는 것이다.

5. 배우들은 음주를 부정적으로 이용하는 경향이 있다. 긍정적인 측면을 찾아내는 것이 중요하다.

6. 캐릭터가 술을 마시는 이유는 감정적인 욕구를 자극하여 잠들어 있던 감정을 자유롭게 표현하기 위해서이다.

Q. "기억은 보는 것이다."

1. 누군가를 기억하려 할 때 얼굴을 보려고 애쓰지 마라. 전체 공간 속에 놓인 그의 전체를 보라.

Q. "연기는 무엇을 하는지에 대한 것이다."

1. 연기는 인간이 행동해야 하는 방식이 아니라 행동하는 방식에 이미 내재되어있는 것이다.

2. 스타니슬라브스키- 연기는 행동이다.

3. 연기는 사람들의 행동에 따른다.

4. "연기는 도덕적인 행동이 아니다."

Q. "오직 배우들만이 눈을 맞춘다."

1. 배우들은 상대의 눈을 바라본다. 자신들이 관계를 맺고 있다는 것을 암시하기 위해서이다.

2. 하지만 그것은 가짜다 너무 오랫동안 상대의 눈을 쳐다보면 초점이 흐려지는 법이다. 눈을 보지 말고 이미지를 봐야 한다.

Q. "레즈비언 매춘부, 게이도 인간이다."

1. 무엇보다 자신들이 전혀 경험해보지 못한 행동을 할 거라고 생각한다. 예를 들어 매춘 부역을 맡게 되면 배우들은 엉덩이를 뒤로 쭉 내밀고 팬티 속에 돌멩이라도 들은 듯이 걷는다. 핸드백을 아무렇게나 내던지고 껌을 씹는다.

2. 이것은 리얼리티가 아니라 매춘부들의 외형을 진부하게 표현하는 것에 불과하다.

3. 배우가 탐구해야 할 것은 내적인 감정이다. 밖으로 드러나는 행동에 집착하는 것보다 인물관계에서 신뢰할 만한 내적 감정을 창조해내는 것이 훨씬 더 설득력 있다.

4. 레즈비언 매춘부, 게이는 그리고 일반인들과 다르다고 생각하는 사람들은 대게 그 사실을 비밀로 한다. 그러니 그들은 다른 사람들과 별반 달라 보이지 않고 튀는 행동도 하지 않는다.

Q. "껌을 씹는다고 성격이 표현되는 것은 아니다."

1. 배우들은 껌을 씹으면 자신이 전혀 다른 인물로 변할 거라고 생각한다. 그들은 껌이 뭔가를 해줄 거라고 기대하고 의존한다. 하지만 그런 일들은 일어나지 않는다.

2. 배우들이 이 멋진 콘셉트 – 껌을 씹는다는 – 를 혁신적이라고 생각한다. 그런 당신을 위해 유용한 정보를 하나 알려주자면 오디션을 심사하는 사람들은 일주일에 적어도 열 번을 껌을 씹으며 등장하는 배우들을 본다.

Q. "복수는 중요한 동기이다."

1. 자신이 싸워야 하는 목표가 복수라고 생각하는 배우들은 그리 많지 않다.

2. 복수는 인간에게 매우 중요한 동기중 하나이다 받은 상처는 되갚아 주고 싶은 게 인지 상정이다.

3. 우리는 자기 자신에 대해 너무 좋게 생각하는 경향이 있어서 인간의 본래 모습을 잘 알지 못한다.

4. 배우가 되고 싶다면 복수심에서 우러나오는 복잡하고 숨겨진 때로는 부정한 행동들을 탐구해야 한다.

5. 물론 즉각적으로 되갚을 수 있는 복수만이 인간의 행동을 유발하는 동기는 아니다.

6. 배우라면! 모든 복수가 해를 입히거나 파괴적인 것은 아니라는 사실을 명심해야 한다.

7. 복수는 매우 창조적 일 수 있으며 자신의 가치를 입증하는 거대한 생명력 일 수도 있다.

8. 세상의 모든 창조적인 작품들은 '너는 할 수 없을 것'이라고 말하는 의심 많은 사람들에 대한 복수의 성과물이 아닐까? 세상에는 늘 우리가 야망을 성취하지 못할 것이라고 말하는 회의적인 방관자들이 있게 마련이다.

9. 할 수 있다는 것을 그들에게 보여주는 것 그것이 복수다.

Q. "단순히 유혹하기는 진짜 목표가 아니다."

1. <유혹하기>는 인위적이고 허위적인 목표이다.

2. 배우가 자신의 목표를 유혹하기로 정한다면. 그는 감정도 없고 계략이나 꾸미는 연기를 해야 한다.

3. 따뜻함이나 다른 사람과의 화합을 선택하라. (호감/온정/친밀감)

4. 심지어 악당을 캐스팅할 때도 조금 영리하게 캐스팅을 한다면 관객들이 그를 진실된 영웅이라고 깜빡 속아 넘어갈 수 있는 그런 배우를 원한다.

Q. "배우들을 위한 금언"

1. 아는 것을 이용해라 모르는 것에 대해 걱정하지 마라.

2. 리딩 할 때는 대본이 주어진다

3. 당신은 이 작품을 알지 못한다.
4. 연기해야 할 장면 이전에 어떤 내용이 있었는지 후에 어떤 상황이 이어질지도 알지 못한다.

5. 줄거리도 모르고 다른 캐릭터에 대해서도 모른다.

6. 알지 못하는 이런 것들을 걱정할 필요가 없다.

7. 자신이 아는 것에만 집중해라.

Q. "극적인 가능성" 갈등의 최고조. 전혀 예상할수 없었던것들을 찾아라.

1. 극 작품은 매일매일 반복되는 지루한 일상이 아니라 인생에서 가장 중요한

순간을 다룬다.

2. 당신의 '진실'이 당신의 연기를 밋밋하게 만드는 요소가 될 수 있다.

3. '진실'을 주위에서 매일매일 벌어지는 일과 동일시하면 안 된다.

4. 연기에서 추구해야 할 진실은 매일매일 벌어지는 잡다한 것들이 아니라 심사숙고한 끝에 선택한 진실이어야 한다.

5. 배우로서 우리 앞에 펼쳐 보이는 연기가 일상적인 것이라면 흥미를 느낄 관객은 아무도 없을 것이다.

6. 진실은 배우가 작품 속에서 찾아야 하는 것은 뭔가 특별한 것, 뭔가 중요한 것이다.

7. 자신이 중요하다고 생각하는 '진실'이 반드시 다른 사람에게도 의미 있을 필요는 없다.

8. 이 순간 당신만의 민감한 사적인 감정이 더 중요하다.

9. 당신은 지루하고 따분한 일상에 관심있는가? 극적이지도 않고 흥미롭거나 독특하지도 않다면 진실성만으로 연기하기는 힘들다.

10. 사람들은 숨 막힐 듯한 진실이 아니라 꿈을 위해서 산다.

11. 각각의 장면에서 최대의 배팅을 해라.(가중 중요한 것을 찾아라/중요성을 더 많이 부여해라)

12. 안 그러면 아무도 당신의 말에 귀 기울이지 않을 것이다.

13. 긍정적인 선택을 하면 여러 가지 측면을 모두 이용할 수 있다.

14. 우연이 아닌 이유가 있는 구체적인 분석 필요하다.

15. 현실주의자가 아닌 어마어마한 환상을 해라.

16. 상황이 나아질 거라는 꿈과 환상을 가져라. 멋진 일이 일어날 거라는 기대를 가져라.

Q. "배우는 자신이 연기하는 장면에서 일어나는 변화를 날카롭게 관찰해야 한다."

1. 그 안에는 많은 것이 있을 수 있기 때문이다. 변화를 더 많이 창조할수록 장면은 더 생생해진다.
  2. 중요한 변화 동시 - 세부적인 변화

3. 배우는 자신에게 물어봐야 한다.

4. '이 장면에서 무슨 일이 발생하지? 그 일은 어떻게 변하지? 그러고 나서 할 일은 뭔가를 발생시키고 변화를 창조해내는 것이다.

5. 배우가 추구해야 할 가장 가치 있는 사건은 모든 캐릭터들이 인식할 수 있는 사건이다.

6. 배우가 그런 사건을 '액션'으로 더 많이 표현할수록 리딩은 성공적일 것이다.

7. 똑같은 소재라도 대본을 바꾸지 않고도 배우가 관계를 형성할 수 있는 액션을 선택한다면 박진감 넘치는 변화들이 많이 생길 수 있다.

8. 상반되는 요소들이 가득한 매력적인 관계/싸우는 목적 풍부/주제의 중요성/사건의 다양성

9. 역할 안의 상반되는 역할/미스터리를 가져라.

Q. "상황에 따라 전략을 만들고 인격을 다양하게 이용하라."

1. 상대와 게임을 해라. 여기서 말하는 게임은 목표를 이루기 위한 전략이 된다. 게임은 많을수록 좋다. 그 전략이 성공적일려면 나의 또 다른 다양한 인격을 필요로 하게 된다. 다양한 인격을 적재적소하게 활용할수 있어야 연기는 흥미로워진다.

2. 배우는 매 장면마다 자기 자신에게 이런 질문을 해볼 수 있다

3. 내가 이 상황에서 하는 게임은 뭐지?

4. 이 게임을 가장 잘 치르려면 어떤 인격으로 연기해야 하지?

5. 사람들이 당신에게 무엇을 원하는지

6. 당신이 무엇을 제공할 수 있는지

7. 당신은 무엇을 기대하는지

8. 대가가 뭔지

당신이 왜 전략을 해야 하는지/

물어봐도 좋다.

역할은 현실에 대처하는 필수다.

"나는 돈 문제만큼은 당신보다 극악해질 수 있어요 그러니 돈을 얻기 위해서라면 무슨 짓이든 할 거예요"

1. 나는 돈을 차지하기 위해 싸우고 있다 그래야 사랑을 차지할 수 있기 때문이다. (싸우는 목적)

2. 나는 돈을 위해 죽을 것이다.(중요한 것)

3. 당신 역시 돈을 위해 죽겠다고?(발견해라)

4. 나는 그저 세상과 잘 지내보려는 여자/남자이다.(역할) 아주 똑똑하지만 바보처럼 군다(상반된/캐릭터 한정 짓지 마라)

5. 물론 나는 다른 사람들에게 정적으로 이끌린다.(물론 약간 이상한 방식으로)하지만 돈을 얻지 못하는 이상, 그들과 아무 데도 가지 않을 것임을 알고 있다

6. 나는 당신이 할 수 있는 것이라면 무엇이든 그 이상 더 잘할 수 있다 (긍정)

7. 나는 재치 있고 재미있다 당신은 아니다(경쟁)

8. 나는 비밀이 많아 당신에게 전부는 아니지만 몇 가지는 말해줄 것이다(오튼의 작품에는 미스터리와 비밀이 가득하다 그래서 재미있는 것이다)

9. 사건은 상대보다 한 발 앞서는 술수에서 발견된다(배우들 대부분은 오튼의 작품에 사건이 없다고 생각한다 그러니 무슨 일이 일어나고 있는지 모르는 게 당연하다/사건을 만들어라)

10. 공간은 중요하다 왜냐하면 누군가는 그곳을 소유하고 있고 다른 누군가는 그곳을 원하기 때문이다 그러므로 경쟁은 오튼의 작품에서 이정표 같은 역할을 할 뿐만 아니라 작품을 생동감 있게 하는 원동력이기도 하다 사람들은 절대로 경쟁을 포기하지 않으니까.

11. 그들이 경쟁하는 또 다른 이유. 나는 당신보다 훨씬 세련됐다.
모두가 불한당이고 탐욕스러운 속물 들이기 때문에 그들이 경쟁하는 모습은 웃음을 자아낼 수밖에 없다.

12. 비뚤어진 성미가 핵심이다 나는 다른 사람들과는 무조건 반대로 한다 (오른의 작품에는 상반되는 요소들이 풍부하다 그것이 희극의 기초인데 이 훌륭한 희극작가의 작품에서 발견되지 않을 리가 없다.)

Q. "리딩이 잘 안되면 어떻게 해야 하는가?"

1. 리딩이 엉망이 되는 것 같고 점점 더 자신이 캐릭터와 멀어지는 것처럼 느껴질 때 배우가 취할 수 있는 두 가지 액션 비난을 퍼붓거나 사랑을 주거나 ★ 서로 상반되는 두 행동 중 하나를 정당화할 수 있는 적당한 시간을 기다리지 말라.
2. 지금 해라. 지금 리딩을 하면서 느끼는 감정이 당신이 하려는 행동의 동기이다.

3. 자기 자신을 다시 파트너와 연관시킬 수 있는 액션을 찾아야 한다.(파트너를 비난해라)

Q. "대본을 최대한 이용해라."

1. ex> 분노를 쏟아부어라-분노를 쏟아부은 것이 미안하다.

2. 예상치 못한 상반되는 행동 (그녀를 품에 안고 열정적으로 키스해라) 이런 부조리함이 그 장면에 유머를 불어넣을 것이다.

3. 오디션에서 대본을 얼마나 잘 이해하고 있는지를 보여주는 것보다 감정의 폭이 얼마나 다양한지를 보여주는 것이 더 중요하다는 사실을 기억하기 바란다.

4. 비난을 퍼붓고 나서 갑자기 따뜻한 사랑을 주는 것보다 당신의 감정선을 잘 보여줄 수 있는 게 뭐가 있겠는가.

5. 상반되는 요소의 순서를 바꿔도 효과가 있을 것이다. 사랑의 조건을 발견해라.

6. 배우에게 아주 중요한 개념:현실과 극 작품에 등장하는 거의 모든 장면은 서로가 연인인지 적인지를 두고 두 사람이 조건을 협상하는 과정이다.

7. 갈등을 만들어내라. 양측이 모두 자신이 원하는 조건을 충족할 수 있도록 협의를 이끌어내는 과정

8. 갈등은 드라마를 만들어낸다. 갈등은 합의보다 흥미롭다.

9. 리딩 할 때 갈등 요소를 찾아낼 수 없다면 스스로 갈등과 드라마를 만들어야 한다. 당장 그 자리에서 말이다. 갈등과 드라마는 비난하거나 사랑을 줌으로써 만들어낼 수 있다.

Q. "파트너를 변화시키고 싶은 욕망을 품어라?"

1. 리딩 하는 장면에서 확실한 동기를 찾을 수 없다면 파트너를 변화시키고 싶다는 욕망을 선택해라.

2. 누군가를 변화시키려는 의지는 매우 능동적인 동기를 부여한다.

3. "나는 당신을 사랑해 하지만 당신을 변화시키고 싶어"

4. "어떤 모습으로 변하길 원하는지 보여줄게"
5. "내가 당신을 만들어줄게 그럼 우리 모두 행복해질 거야"

6. 각자 다른 관계의 조건을 만들고 조건에 대한 갈등을 상대방을 변화시키려고 하는 변화시키고자 하는 욕망은 추상적으로 드러내지 마라.

7. 어떤 변화를 원하는지 아주 구체적인 방식을 통해 표현해라.

8. 상대를 변화시키고 싶다는 욕망이 없는 배우는 무대나 스크린에서 제 역할을 할 수 없다.

9. 배우가 선택하는 변화 (욕망이 얼마다 구체적으로 구현되는지)가 구체적일수록 효과적인 리딩을 할 수 있다

Q. "우정도 갈등을 만든다?"

1. 배우들이 리딩 할 때 가장 어려워하는 장면 중의 하나는 친구 두 명이 개입되어있는 장면이다.

2. 이런 장면은 대게 갈등과 에너지가 부족하고 활기 없고 무기력한 리딩으로 이어진다.

3. 우정은 평등한 관계이기 때문이다. 그 이유는 배우들이 우정을 유쾌하고 쉽고 편안하고 믿을만한 것으로 여기기 때문이다.

4. 결국 남는 것은 억제하는 행동과 드러나지 않는 갈등뿐이다. 어떤 강한 동기, 싸워야 하는 목적을 가져라.

5. 우정에 극도로 중요한 요소 갈등 서로 경쟁하라. 경쟁은 우리가 일을 더 잘하도록 자극) 경쟁을 한다고 해서 꼭 해를 입히는 것이 아나라 경쟁을 통해 서로를 자극한다.

6. 잔잔함은 드라마틱한 장면을 만들어내지 못한다.

Q. '뭐라고?'가 의미하는 것

1. '도대체 그게 무슨 뜻이야'라는뜻 혹은 시간을 벌려는 심산

2. 상대방이 하는 말을 정말로 못 들었다는 것을 표현하기 위해 그 대사를 써 넣은 것처럼 행동하지 마라.

3. 작가는 사실적인 의도가 아니라 감정적인 의도를 가지고 있다 당신은 언제나 상대방이 말한 내용을 적어도 귀로는 들었다는 것을 가정해야 한다.

4. 당신이 귀가 멀었다거나 부주의해서 다시 이야기해달라고 하는 것이 아니다. 자신이 들은 말을 믿을 수 없거나 받아 들일수 없다고 생각하는 것이다

Q. "아무것도 모르는 시점에서 시작해라?"

1. 이야기가 어떻게 전개될지 몰라야 서스펜스가 만들어진다.

2. 우리는 우리에게 일어났던 순서대로 이야기를 말함으로써 리얼리티를 만들어낸다.

3. 출발점은 언제나 '아무것도 알지 못하는 시점' 만약 극작가가 콩깍지를 열어 처음부터 결말을 말한다고 해도 당신은 이 방법을 이용해서 처음부터 다시 시작하는 방법을 택해라.

4. 사건이 시작될 때 아무것도 몰랐던 시점으로 돌아가서 당신의 파트너 역시 그 경험을 공유하게 하고 대단원을 향해 가는 여행의 모든 단계를 밟도록 해야 한다. 이야기에 흥미를 갖게 만들어라!

Q. "지문을 무조건 따르지마라?"

1. 오디션을 위해서라면 지문은 무시해도 좋다. 물론 그럴 수 없는 것들도 있다

2. ex> 지갑에서 총을 꺼내 사람을 쏘라고 하는 지문을 무시할 수는 없다. 기본적인 것들에만 충실하면 된다.

3. ex>'자기에게 한말을 무시하면서' 혹은 '무관심하게'같은 부정적인 지시사항들은 무시해라.

4. 작가들은 그래야 내용이 더 드라마틱 해질 거라고 생각하기 때문. 당신은 당신이 상상한 모습을 연기하면 되는 것. 오디션을 볼 때 무조건 지문을 따를 필요는 없다 필요할 대만 활용해라.

Q. "장면 전환은 가짜다"

1. 장면 전환을 할 생각을 버려라. 실제 같지 않기 때문에 지루하다.

2. 뻔하고 불필요하다. 시간낭비다.

3. 오디션을 심사하는 사람들은 바퀴가 돌아가고 있는 것을 보고 싶은 것이 아니라 그래서 빚어진 결과를 보고 싶어 한다

4. 결과는 전환이 아니라 액션이다. 즉흥적이고 예상치 못한 것일수록 매력적 신선하고 당신만이 할 수 있는 것이고 예측할 수 없기 때문이다.

5. 장면 전환을 하는 모습은 그런 매력을 죽여버린다. 앞으로 있을 일을 예상 하게 만든다.

6. 장면 전환은 잊어라. 오디션 심사위원들은 당신이 연기를 하는 동안 어떻 게 감정이 변했는지 설명하는 것을 듣고 싶어 하지 않는다. 그들은 당신이 그 냥 그렇게 하기를 원한다 그러니까 그렇게 해라.

Q. "리딩은 멈추지 말아야 한다."

 1. 리딩을 하다 보면 있어야 할 위치를 못 찾을 때가 있다. 다시 찾으면 된 다.

2. 대본을 떨어뜨렸으면 다시 주으면 된다.

3. 리딩이 아무리 끔찍해도 절대 멈춰서는 안 된다.

4. 멈춰서 다시 시작해도 되냐고 물어보면 심사위원들은 이렇게 말할 것이다 "왜 다시 하겠다고 한 거야? 달라진 게 뭐야?"

5. 리딩을 멈추지 말고 '비난하거나 사랑을 주는 작전'에 돌입해라.

6. 파트너가 배겨 나지 못할 정도로 비난을 퍼부어라. 그에게 키스를 하거나 사랑을 마구 표현해라.

Q. "드라마틱하지 않다면 진실은 소용없다."

1. 배우들은 진실한 연기를 해야 한다는 걱정을 많이 한다.

2. 진실에 너무나 집착한 나머지 그것이 하찮고 일상적인 것이라 할지라도 진실만을 추켜세우기 일쑤다.

3. 위험을 감수하고 뭔가 극단적이고 독특하고 일상에서 벗어난 연기를 보여줘라.

4. 일상에 집착할 필요는 없다 누가 매일매일 보는 것을 다시 보기 위해 돈을 내겠는가?

Q. "결말을 경계해라?"

1. 결말을 품고 연기하기 시작하게 되니까 경계해라.

Q. "멜로 연기는 슬프고 지루한 것이 아니다."

1. 만약 리딩 하는 장면이 멜로 드라마라고 생각되면 갑자기 목소리를 낮추어 읽기 시작한다. 마치 금욕주의자들처럼 어떤 감정도 사양하겠다는 듯이 말이

다.

2. 배우들은 멜로 드라마를 연기할 때는 감정을 억누르는 것이 상책이라고 생각하는듯하다.

3. 역으로 과장된 연기를 방지하는 방법_(x)) 멜로 드라마 같은 행동들을 진짜처럼 보이게 하려면 상반되는 요소를 이용해야 한다.

4. 자신이 지금 하고 있는 연기가 멜로드라마 같다고 생각된다면 장면 속에 자기 비난조의 유머를 불어넣을 수 있다 유머가 있으면 제아무리 이상한 것들도 진짜가 된다 유머는 '자각'이기 때문이다.

Q. "수동적인 캐릭터는 없다."

1. 캐릭터에 대한 판단을 하지 마라. 리허설할 때는 도움이 될지 모르지만 오디션에서는 장애물이다.

2. 강하든 약하든 공격적이든 수동적이든 신경 쓸 필요가 없다. 수동적인 캐릭터는 없고 약한 캐릭터도 없다.

3. 승리가 있고 패배가 있을 뿐이다. 모든 배우는 자신이 원하고 필요한 것을 얻기 위해 싸워야 한다 섣부른 판단은 앞길을 방해한다.

4. '그냥' '우연히' '어쩌다보니' 라는 설정으로 상황을 무마시키지 마라. 반드시 흥미로운 과정과 그럴 수밖에 없는 이유를 찾고 못찾는다면 만들어서 연기해라.

Q. "오디션의 목적은 당신이 누구인지를 보여주는 것?"

1. 오디션을 볼 때는 자신이 리딩하고 있는 장면이 무엇을 의미하는지 알고 있다는 것을 보여주는 것이 아니라 제대로 연기할 수 있는 것을 보여주어야 한다.

2. 당신은 그 장면을 올바로 보여주기 위해서가 아니라 당신이 어떤 사람인지 보여주기 위해서 오디션을 보는 것이다.

3. 자기 자신에게 기회를 줘라. 대본에 씌어있는 것보다는 그 상황에서 당신이라면 어떻게 행동하고 느낄지에 집중해라.

4. 주어진 대본은 당신에게 어떤 상황을 제시한다. 당신이 해야 할 일은 그 안에 몰입하는 것이다.

5. 캐릭터보다는 자기 자신을 이용하는 사람들이 성공하는 확률이 162% 높았다는 사실을 말하고 싶다.

Q. "분석하는데에만 너무 많은 시간을 써버리지마라?"

1. 역할의 과거 상황에만 너무 집착한 나머지 현재 무엇을 어떻게 해야 하는 지에는 소홀하다.

2. 지금 이순간이 중요하다. 지금 하고 있는 당신의 생각,지금 느끼고 있는 당신의 감정이 연기를 이끌어 나간다.

3. 오디션은 공연과 다르고 즉흥연기와 같다. 오디션은 지금이다. 지금 느껴지는 것들에 모든걸 쏟아라.

Q. "절제한다고 감정을 다 숨기지 마라!"

1. 배우들은 연기를 사실적으로 해야 한다는 생각 때문에 자신의 일상을 가져와 연기하려고 애쓴다. 문제는 '자신이 매력이 없다는 사실'이다.

2. 극속의 역할은 매우 매력적이며 변화무쌍하다고 얘기하면 자신이 그 극을 쓴 작가가 된것처럼 절대 그럴수 없다고 자부한다.

3. 자신은 모든면에서 감정을 억제하고 이런 상황에서 극단적인,돌발적인,예측할수 없는 행동을 절대 할수 없다고 말하며 지극히 무미건조한 자연스러움만을 추구한다.

4. 우리가 보고 싶은것들은 그런 무미건조하고 조용하고 따분한 선택들이 아니다.

5. 감정은 어떤 방식으로든 드러나야 한다.

6. 당신의 연기에 집중이 가지 않고 재미가 없다면 당신은 오디션에서 떨어져 따분한 일상으로 돌아가야 할 것이다.

7. 모험을 해라. 감정을 보이고,소리를 지르고,비명을 지르고,싸우고,사랑하고, 감정을 '몸으로' 표현해봐라.

8. 당신은 감정을 더 드러내려할수록 내적감정이 커질 것이다. 내적감정이 커지면 그때부터 겉으로 드러내는 강한 표현들도 우회적으로 다양하게 표현하게 될수 있을 것이다.

9. 감정표현은 상대를 향한 상대가 나를 향한 상호적인 욕망과 연관되어 있다.

10. 몸으로 드러내려하고 몸으로 반응하려 해라.

11. 내적과정이 없는 일명 보여주기식의 연기를 하기 때문에 과하다.오버액션 이라는 소리를 듣는 것이다. 내적과정이 보이는, 관계가 녹아있는 오버액션은 우리를 더욱 흥미롭게 한다.

Q. "연기에 미스터리와 비밀을 더하라."

1. 오묘한 감정. 알 수 없는 감정 말로 표현할 수도 설명할 수 없는 다른 사람들에게 느끼는 어떤 놀라움. 그것은 비밀이다.

2. "배우는 단순히 '노'라고 하지 말고 모든 미스터리를 탐구해봐야 한다. 예스의 가능성은 노의 불확실성보다 연기를 하는데 보다 흥미로운 요소를 제공한다"

3. "끝을 연기하지 마라. 미리부터 극의 끝을 연기해서는 안된다."

4. "이기기 위해 연기해라.(어떤 목표) 당신이 원하는 것을 얻기 위해 연기해라. 이 세상 누구도 지기 위해 연기하지 않는다."

5. 비밀을 가져라. 다른 사람들이 몰랐으면 하는 비밀. 그것은 절대 말하지 않을것이고 말 못할것이고 다른 사람이 절대 알아서는 안되는 비밀말이다. 누군가에게는 말해야만 하는 비밀도 있다. 다른 사람들이 알아채기를 바라는 비밀을 가질 수 도 있다. 물론 말은 하지 않을 것이다. 자신이 알 수 없는 존재라는 것을 안다. 때때로 자신의 행동을 설명할 수 없다. "내가 왜 그랬지?"라고 물으면서 자신의 비밀을 탐구한다. 다른 사람에게도 그럴 것을 요구한다. 비밀은 여러 가지 형태로 나타난다. 그것은 알 수 없는 방법으로 삶에 존재한다.

6. 당신의 연기에 비밀을 더해라.(곧 끝을 연기하지도 캐릭터도 한정 짓지 않

는 캐릭터의 내면의 숨어있는 미스터리를 만들어라/예측되지 않는 연기/캐릭터의 미스터리/캐릭터에는 모순과 상반되는 요소가 풍부해야 한다.) 일관성은 좋은 연기의 종말이다>

Q. "모놀로그 연기법 핵심?"

1. 캐릭터

- 캐릭터를 가면이라고 부르겠습니다. 역할의 가면을 썼다고 생각하면 우리는 못할게 없습니다.

ex) 할머니 가면을 쓰면 몸과 정신 말투 호흡 까지도 할머니로 빙의 되는것처럼 배우는 가장 먼저 캐릭터로 변신이 필요합니다. 그럼 자의식은 사라집니다. 왜냐하면 당신은 할머니 가면을 쓰는 순간 할머니처럼 보이려고 온갖 애를 쓰게 될테니까요.

2. 공간활용

- 공간을 만들고 공간에 몰입하면 상황에 몰입하게 됩니다. 모든 행동,자세,태도의 초석은 공간 몰입에서 시작합니다.

ex) 여러분이 방안에 있기 때문에 눕게 되고 감정이 안정되는 경우와 같습니다.

3. 동선

- 연극의 경우 시공간을 넘나 들수 있습니다. 블로킹만으로 감정 전달이 가능합니다.

ex) 우리가 어떤 재밌는 상황을 설명할때 당신이 몰입하고 있는 그 이미지속 방향으로 당신은 상대와 일정 거리를 두고 어느 순간 자신도 모르게 움직이게 될겁니다. 그리고 그 상황에 빠졌다가 이야기가 끝나면 원래 상대와 대화를 나누던 자리로 돌아와 균형을 찾게 됩니다.

4. 태도 / 포스쳐 (자세)

- 태도와 자세는 신분,상대와 관계(갑/을, 지배적/피지배적) 보여주며 상황속 인물의 목적을 전달하려는 전략적 수단이 됩니다.

ex) 여러분들이 선생님에게 거짓말을 해서 속여야 한다는 목적이 생기면 여러분의 태도와 자세는 순식간에 바뀔겁니다. 뉘앙스는 거짓말해도 몸(자세,태도) 진실되지 않으면 바뀌지 않습니다. 자세,태도부터 바꾸고 연기를 하시기 바랍니다.

당신은 귀족입니까? 태도부터 바꾸세요
당신은 하인입니까? 태도부터 바꾸세요
당신은 군인입니까? 태도부터 바꾸세요

태도는 그가 누군지를 만듭니다.

5. 제스쳐

- 손놀림에 따라 다양한 인격표현,제스쳐 표현 형태에 따라 감정변화/ 국적 / 문화 (예술) 습득 수준 / 감성적 이성적 추상적 성격을 추론할수있습니다.

ex) 직선 형태는 이성적 평가적 부정적 감정을 표출합니다. 지금 바로 '너'라는 대사를 뱉으며 상대방 얼굴을 검지로 찔러봅니다.
당신은 꼰대 학생 주임 선생님이 될겁니다.

곡선형태는 감성적 공감적 추상적 감정을 표출합니다.
'너'라는 대사를 뱉으며 상대방 얼굴을 검지로 원을 그려봅니다.
당신은 부드러운 예술가가 될겁니다.

6. 대사의 뉘앙스 (고저 / 리듬 / 템포 / 강조 / 사일런트 / 포즈)

는 기본입니다.

입시는 오디션 모놀로그 연기 특성상

외모로 예상 -> 전상황 (태도 자세 비언어 행동) 해석 -> 캐릭터 특유의 뉘앙스 (화술)로 해석 -> 그 다음 외면으로 표출되는 모든 행위의 감정과 내적 과정 (시선 / 호흡) 순으로 교차 해석됩니다.

- 당신은 의상도 분장도 소품도 없기 때문입니다. 우리가 해석할수있는 정보는 당신의 연기뿐입니다

특유의 뉘앙스가 캐릭터의 대표적 색깔이고
뉘앙스는 일정하고 고정된 반복된 기계적 패턴은 지루함을 줍니다.

화술은 대표적 캐릭터의 색깔을 베이스로 깔되 다양한 명암을 줘야합니다. 명암을 비트라고 이해하셔도 됩니다.

ex) 빨강 - 주황 - 자주 - 검은빨강 - 분홍빨강

화술 명암(변화/리듬)은 낮은음과 중저음과 고음으로
빠르기와 멈춤, 그리고 변칙적인 변화
특정 단어 강조와 어미 내리고 올리기 늘어뜨리기로
노래를 하듯 악보의 음표를 오르고 내리고를 변칙적으로 구사할수 있어야합니다. 이 모든것은 호흡을 어떻게 활용하느냐에 달려있습니다.

-> 화술을 잘하고 싶다면 누르고 당기고 밀고 터뜨리고 쏘고 올리고 던지고 잡고 떨어뜨리고 끌고 가야 할것입니다.

단 순간적으로 가능해야합니다

화술로 행동할줄 알아야합니다.
행동을 함께 해보며 화술을 만들어보세요 화술은 변화할것입니다.

당신의 역할이 상대에게 거짓말을 하지 않는 이상
당신이 상황에 몰입되지 않는 이상
당신의 음성(정신)과 신체는 하나입니다.